大学生就业指导

郭　婧　王晓蕊　刘　超　主编

中国原子能出版社

图书在版编目（CIP）数据

大学生就业指导 / 郭婧，王晓蕊，刘超主编. --北京：中国原子能出版社，2023.11（2025.3 重印）

ISBN 978-7-5221-3098-9

Ⅰ. ①大… Ⅱ. ①郭…②王…③刘… Ⅲ. ①大学生–职业选择 Ⅳ. ①G647.38

中国国家版本馆 CIP 数据核字（2023）第 218205 号

大学生就业指导

出版发行	中国原子能出版社（北京市海淀区阜成路 43 号　100048）
责任编辑	杨　青
责任印制	赵　明
印　　刷	北京天恒嘉业印刷有限公司
经　　销	全国新华书店
开　　本	787 mm×1092 mm　1/16
印　　张	14.75
字　　数	226 千字
版　　次	2023 年 11 月第 1 版　2025 年 3 月第 2 次印刷
书　　号	ISBN 978-7-5221-3098-9　　**定　价**　**88.00** 元

发行电话：010-68452845

前 言

大学生是国家最具创造力的群体之一，一个民族如果没有创新能力，就难以屹立于世界民族之林。随着世界经济的多元化发展，对科技创新人才的需求急剧增加，这与目前对大学生科技创新人才培养的模式之间形成巨大的矛盾。因此，培养大学生的创新创业能力是高等教育的一个重要任务。高等学校必须承担起创新教育的职责，必须由传统的“就业教育”向“创新创业教育”转变，应采取多途径、多策略，不断推动大学生创新创业教育的发展。大学生就业与创新创业教育从广义上讲，是通过相关的课程体系教育，提高大学生的相关素质和创业能力，使其具有首创精神、独立工作能力、技术能力及社交和管理技能。从狭义上讲，主要是培养大学生创办企业的能力，通过企业知识的学习，促使学生直接实现创业，利用自己的知识、才能和技术，以自筹资金、技术入股、寻求合作等方式创立经济实体。大学生在解决自己就业的同时，也为社会创造出新的就业岗位。面对越来越激烈的人才竞争、就业压力，高等院校必须牢固确立人才培养的中心地位，加强创新创业教育和就业指导服务，完善职业发展和就业指导课程体系，从单纯的大学生“就业教育”转变为“创业教育”。大学生是创新创业的原始力量，代表着社会的未来和国家的希望，通过创新创业活动可以增加大学生的就业渠道，实现经济发展与扩大就业的良性互动。

全书共分为七章：第一章为绪论，概述了我国就业创业形势、大学生创新创业教育的战略性与重要性及开展就业、创业指导的作用与内容；第二章与第三章分别介绍了大学生在未来就业过程中所需要具备的就业认知与就业准备、职场礼仪与职业发展；第四章与第五章探讨了创新精神与创业能力教育及创业准备与实施；第六章与第七章从创新创业角度分析了当下大学生创新创业及高校创新创业教育的未来发展。

本书在撰写过程中参考并借鉴了国内外相关研究成果、资料，在此向相关学者表示由衷的感谢。由于作者能力有限，书中难免存在疏漏之处，希望广大读者及时批评与指正。

目 录

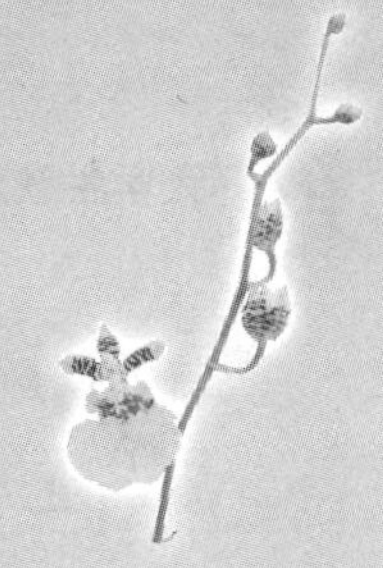

第一章

绪　论

就业是指人们达到法定工作年龄并且具备一定的劳动能力和劳动愿望时，通过从事一些工作或经营活动来获取劳动报酬或经营收入的活动。就业活动受就业形势的影响较大，如果就业形势好，各行业对于劳动力的需求量大，那么就业机会就多，人们也就更容易就业；就业形势严峻，劳动力数量供大于求，就业机会就更少，人们就难以就业。因此，大学毕业生必须了解就业形势，了解政府制定的就业政策，了解企业对于人才的需求，从而实现高效择业和就业，避免就业难问题。

第一节　当前我国就业、创业形势分析

一、我国目前的就业、创业形势

现阶段，就业已成为大学毕业生面临的现实问题，如果大学生不重视就业问题，盲目、无计划地寻求就业机会，就必然会影响个人长远发展。因此，面对日趋复杂的就业形势，大学毕业生更要加强对就业形势的分析，了解行业需求、行业人才饱和等现状，有针对性进行就业规划和准备，只有这样才能避免就业碰壁，解决就业问题。与此同时，政府和高校也要加强对大学毕业生的就业、创业指导与教育，积极引导大学毕业生开展创业活动，充分发挥大学生创新意识和创造能力，解决好大学生的

就业问题。

（一）全国就业的基本形势与趋向

研究显示，我国目前的就业形势总体上保持稳定状态，城镇新增就业人数虽然有一定的波动，但是波动幅度并不算太大，整体上趋于平稳。据统计，2019 年我国城镇新增就业人数为 1352 万，完成了政府所制定的全年目标任务；截至 2019 年年末，全国城镇登记的失业率为 3.8%，这表明我国城镇地区的失业人数并不多，失业状况基本处于较低的水平。

1. 就业形势总体保持稳定

（1）城镇新增就业在波动中逐步趋稳

据统计，2019 年 1 月—3 月，我国城镇地区新增就业人数少于往年同期的新增就业人数；2019 年 4 月—6 月，我国城镇地区新增就业人数与往年同期的新增就业人数基本一致；2019 年 7 月—9 月，我国城镇地区新增就业人数高于往年同期的新增就业人数；2019 年年末，我国城镇地区登记失业率为 3.62%，低于往年同期的城镇地区登记失业率。这些数据表明都能够表明我国城镇地区新增就业在波动中逐步趋稳。

（2）高校毕业生就业率

据统计，截至 2018 年年末，我国 2018 届高校毕业生的就业率为 91.5%，与往年同期的高校毕业生就业率差距较小。

（3）失业人员再就业和就业困难人员就业扎实推进

据统计，截至 2019 年年末，我国 546 万城镇失业人员实现再就业，高于往年的失业人员再就业数量；截至 2019 年年末，我国 179 万城镇就业困难人员实现再就业，高于往年同期水平。

（4）农村劳动力转移就业也呈现先降后升态势，稳定增长

从我国人力资源和社会保障部对于部分地区农村劳动转移就业人数的统计资料来看，2015 年 2 月末，我国农村劳动力外出务工人数要低于往年

同期的农村劳动力外出务工人数，而2015年3月，我国农村劳动力外出务工人数与往年同期的农村劳动力外出务工人数基本持平。截至2015年6月末，我国农村劳动力外出务工人数要高于往年同期的农村劳动力外出务工人数。在2015年7月—9月，我国农村劳动力外出务工总人数达到17 554万人，与往年同期的农村劳动力外出务工总人数基本保持一致。

（5）企业用工总体稳定

随着我国经济结构的调整，国内一些企业制定了裁减职员的计划，但是并未形成大规模的裁员情况。从我国人力资源和社会保障部对国内一些企业的统计资料来看，有些企业出现了岗位数流失的情况，但岗位流失数量在总岗位中的占比相对较小，属于正常的人员流动，对于企业发展的影响较小。而这些出现岗位流失情况的企业大多数属于资源性行业和需要接受环境治理的行业，在我国企业总量上的占比较小。因此，总体上来说我国企业用工整体处于一个相对稳定的状态。

（6）人力资源市场供求保持基本平衡

据相关调查研究发现，2015年7月—9月，我国人力资源市场所提供的岗位和求职者数量基本保持平衡，岗位提供约505万个，求职者约462万人，岗位空缺与求职人数之间的比率约为1.09，高于往年同期的岗位空间与求职人数之间的比率，这表明我国各行业对于人才的需求量较大，能够较好解决求职者的就业问题。

在当前背景下，我国的就业形势之所以继续能够保持总体平稳的状态，主要与以下两个方面的因素有关。

其一，新兴产业蓬勃发展。在新的时代背景下，新一代信息技术、高端装备制造、新材料、生物医药、新能源汽车、新能源、节能环保、数字创意等战略性新兴产业发展迅猛，在一定程度上加大了用人单位对于人才的需求，很好地解决了大学毕业生的求职问题。

其二，创业带动就业效应持续释放。近些年来，我国陆续出台实施多部积极促进就业创业的政策文件，激活社会创新活力，创造了大量岗位，促进就业。

2. 创新创业带动就业

近些年，我国政府除了继续贯彻落实就业政策外，还鼓励社会创新创业活动，通过创新创业活动增加工作岗位，满足大学生人群就业需求，促进社会经济发展。

（1）创新创业带就业是就业理论的重大新进展

就业直接关系到人们的生存与发展，创业能够为人们提供更多的就业机会，必须重视创新创业问题，促进社会和谐发展。

当前，我国正处于产业结构调整、经济发展方式转变的背景之下，就业问题一直是社会普遍关注的民生问题。对此，为促进社会经济发展，解决人们的就业问题，党在十八大报告中明确指出贯彻劳动者自主就业、市场调整就业、政府促进就业和鼓励创业的方针，提出将鼓励创业作为就业工作的重中之重，这充分表明了我国在理论层面对就业工作的高度重视。“创业带动就业”颠覆了人们对于传统就业模式的认识，它意味着人们不仅仅是为了适应岗位需求而被动就业，更多的是根据个人创新意识和创造能力主动寻求创业机会，充分发挥人的主观能动性，实现主动就业。在此过程中，人力资源为首要资源，以人为主导寻求最合适的资源，实现资源优化配置，促进社会发展。开展创新创业活动的过程实际上就是创造新的就业岗位和解决就业问题的过程，应积极引导和鼓励人们开展创新创业活动，进一步拓展求职者的就业方向，为求职者提供更多的选择。

（2）创新创业带动就业是经济社会发展阶段的内在要求和必然选择

当前，部分行业领域已接近饱和状态，对人才的需求量不高，由此进一步加剧了就业问题。在此背景下，必须加快推动创新创业活动，创造更多新的工作岗位，促进社会经济稳定发展。

当前，我国正处于建设创新型国家的关键时期，而开展创新创业活动能够加快我国经济结构转型升级，加快构建新的经济发展方式，这对于加快创新型国家建设具有重要意义。

实践表明，过去的以高资本投入、土地污染、资源消耗为主的经济增长模式不符合可持续发展的原则，不具备强劲的发展动力和广阔的发展前景，其逐渐被新的生产经营模式取代。与此同时，我国市场机制的变革、基础设施条件的不断改善、新技术的积极应用等，也在为人们创新创业活动的开展创造良好条件。近些年，我国更加关注于提高经济发展质量，对创新驱动发展战略提出了更高的要求，同时逐步贯彻实施各项创新创业发展战略和政策措施，致力于通过创新创业活动推动社会经济发展，激发社会创新活力。

人力资源结构的变化对于推动人们开展创新创业活动具有重要的意义。在社会发展过程中，人力资源结构的变化主要表现为人们的就业观念发生变化，越来越多的人开始走上自主择业、创业的道路，不再只是被动接受就业。开展创新创业活动能够拓宽创业者的发展道路，使其探索人生新方向，释放创新意识，培养创造能力，成就新的自我，同时为社会发展贡献力量。人才资源结构的变化还表现为创业主体的多元化趋势。在国家、地方政府的积极引导下，一些企业下岗职工成为了创业者，他们以自身在工作中所积累的工作经验和对工作的自我认知作为创业的基础条件，开展创新创业活动；一些进城务工人员成为了创业者，他们以自身在城市中的经历和积累的资金作为创业的基础条件，返乡开展创新创业活动；一些大学毕业生成为了创业者，他们以自身的创新意识和创造能力作为创业的基础条件，投入到创新创业活动中。

在互联网时代，网络平台没有时间与空间的局限，能够为人们提供展现自我的平台，这对于激发人们的潜能和丰富人们的职业选择具有一定的积极意义。在此背景下，人们要开展创新创业活动就变得更加简单、便捷。物流、金融、信息等产业能够与网络平台形成密切联系，为创业者提供新的创业方向，从而使创业者将注意力更多地转移到网络平台之上，促进创新创业活动开展，为社会创造更多的工作岗位。相关研究资料显示，我国某电商平台共创造 860 万工作岗位，与之相关的物流产业也解决了 1000 多万人的就业问题。由此可见，网络平台对于创业者开展创新创业活动有着重要的积极作用。创业者应当重视网络平台的利用，有针对性地开展创新创业活动，满足社会实际需求，提高创业成功率。

（3）促进创新创业带就业政策体系日益完善

近些年来，我国政府出台了大量有关创新创业的政策，如《关于进一步做好新形势下就业创业工作的意见》《国务院关于大力推进大众创业万众创新若干政策措施的意见》《关于支持农民工等人员返乡创业的意见》等。这些政策文件展现了我国政府对于创新创业活动的高度重视，促进了创新创业带就业的政策体系完善，有利于高校引导和推动社会创新创业活动，促进社会经济发展。

当前，我国有关创新创业的政策文件，内容主要包括以下六个方面。

其一，降低创业门槛。通过简政放权、放宽市场准入的方式激发创业者的创业热情，使更多的创业者参与到创新创业活动之中。

其二，加强创业培训。根据创业者的实际情况制订相应的创业培训计划，将有创业倾向的创业者纳入到创业培训范围之中，由此提高创业者的创新创业意识和创新创业能力。

其三，提供创业资金支持。通过为中小微企业提供金融服务，为创业者提供小额担保贷款，缓解创业者在创业过程的经济压力，使创业者能够集中精力搞好创新创业活动。

其四，减免税费。在创业初期，通过一定期限的税费减免减轻创业者的经济负担，进一步推动创业者开展创新创业活动。

其五，建设创业园区和创业孵化基地。通过建设创业园区和创业孵化基地的方式为创业者提供创业平台，提高社会对创新创业活动的正确认知，促进创新创业活动顺利开展。

其六，加强创业服务支持。通过为创业者提供专业指导、简化审批程序等方式使创业者步入“快车道”，激发创业者的创业热情。

（二）全国创新创业的基本形势

随着我国陆续出台各种有关创新创业的政策文件，越来越多的人投入到创新创业活动之中，使得创业主体逐渐呈现出多元化发展趋势，同时创业者也为社会创造了大量工作岗位，解决一些人的就业问题。从目前的情况来看，中小微型企业是我国创新创业活动的主体，这些企业对于创新型人才的需求较为强烈，能够为大学毕业生提供大量工作岗位，这客观上要求高校加快推进创新创业教育，培养具有创新意识和创造能力的创新型人才，满足企业对于人才的需求。现阶段，我国创新创业带动就业主要表现出以下五种特征。

1. 创业主体更趋多元化

调查显示，随着创业门槛的降低，越来越多的人投身于创新创业活动之中，其中不乏企事业单位的离职人员、农村转移劳动力、大学毕业生，这充分表明了我国创业主体的多元化发展趋势。

2. 以自我实现为目标的发展型创业成为主导

一般而言，创业者之所以会选择创新创业这条道路，其首先是为了解决个人生计问题，其次是为了实现自身的理想。而随着社会经济的发展、素质教育的落实及人们创业意识的更新，更多的创业者的创新创业活动以实现自我价值为主要目标。

当然，每个创业者的实际情况不同，其创业动机也不同。根据某市的创业动态调查结果，超过 30%的创业者的创业目的在于发造属于个人事业；一些企事业单位离职人员能够转型为创业者，其动力在于个人丰富的社会经验以及国家良好的创新创业政策。

3. 以初次创业和新开办项目为主

研究发现，在目前新的创业群体中，有超过四分之三的创业者是初次创业者。因此，大多数创业者都是以新开办项目为主要的创业方式，少部分创业者是在原来创业项目的基础上扩大规模范围。与此同时，不同创业者的创业项目来源有所不同，有的创业者是从朋友的建议中获取灵感，有的创业者是受到创新创业服务机构的影响。

4. 创业带动就业效应显著

开展创新创业活动不仅能够解决创业者自身就业问题，还可以为社会创造大量工作岗位，解决他人的就业问题。根据某市的调查结果，某企业在创业初期的员工为 5392 人，随着企业规模的扩大，员工总数逐渐达到 12187 人，解决了 6795 人的就业问题。虽然在创业期间有的企业也会裁减员工，但是从总体上来看，开展创新创业活动能够为社会创造大量的工作岗位，能够促进就业。

5. 创新创业的经济效应显著

从社会发展的角度来看，开展创新创业活动对于社会经济发展具有积极的影响。相关调查资料显示，在新开办的创业项目中，近四分之三的创业项目的资产总额高于创业初期的资产总额，这些创业项目主要集中于批发零售业、计算机服务业、计算机软件业等领域。由此可见，开展创新创业活动有助于激发社会经济活力，进而促进社会经济发展。

总的来说，无论是在创新创业制度层面还是创新创业实践层面，我国都取得了较大的成果。在开展创新创业活动的过程中，创业者一方面为社会创造了大量的工作岗位，解决了一些人的就业问题，另一方面也为社会经济发展作出了一定的贡献。尤其是在互联网时代，创新创业活动加快了新产业的发展，这对于改善我国经济结构、促进社会经济快速发展具有重要积极意义。

（三）影响就业、创业的要素分析

据统计，2019 年全国高校毕业生人数达 864 万人，高于往年高校毕业生人数总量，这表明大学毕业生的就业压力正在加剧。除了工作岗位少、毕业生数量多的客观原因，大学生就业难的一个主观原因在于学生个人，如毕业生的自我认知与社会观念错位、自我认识不够深入、对社会需求情况不了解等。

1. 影响就业的主要要素

（1）自我认知与社会观念错位，“精英情节”导致就业方向狭隘

近年来，国内各大高校的招生规模不断扩大，在校大学生数量逐年增多，高等教育体制发生诸多变化与革新。2019 年，我国各类高等教育在校大学生总人数超 4000 万人次，这表明我国高等教育逐渐迈入普及化阶段。但是受多种因素影响，许多大学生的自我认知不足，认为自己是社会“精英”，由此主观上与他人划分“等级”，形成错误的就业、择业观念，求职过程中不切实际，热衷于轻松、薪酬高、体面的工作，好高骛远、眼高手低，难以成功就业。

调查显示，大多数大学毕业生热衷于参加人力、高级管理、财务等职位的招聘，尽管这些职位数量少、竞争大，但是很能吸引大学生人群。而服务类、销售类职位对于人才的需求相对较大，但是鲜有人问津。之所以会出现这种情况，一方面是因为大学毕业生认为服务类、销售类职位的工作劳累，不够体面，另一方面是因为大学毕业生不了解服务类、销售类职位的发展前景。事实上，服务类、销售类职位能够有效锻炼大学毕业生的综合能力，也具有较大的晋升空间，更有助于大学毕业生的长远发展。

此外，大学毕业生对于企业单位也存在认知错误，毕业生将国企、上市公司等作为求职首选，相对来说较少大学毕业生会选择中小微型企业。这是因为大学毕业生普遍看重国企、上市公司的福利待遇、工资薪酬，而不看好中小微型企业的发展潜力。事实上，国企、上市公司虽然在福利待遇、工资薪酬等方面相对较好，但是工作压力大，对人才的需求量较小，而中小微型企业更加注重人性化管理，工作压力相对较小，对于人才的需求量更大。

（2）朝阳行业竞争力暴涨，传统行业受冷落

当今最热门的行业为互联网技术、信息技术、能源等行业，而制造业、加工业等传统行业都属于热度较低的行业。大学毕业生普遍倾向于求职互联网技术、信息技术、能源等朝阳行业，不愿意从事制造业、加工业等传统行业的工作，导致大学毕业生扎堆于朝阳行业，人才供大于求，而制造业、加工业等传统行业遭受冷落，各个职位缺乏人才。

与此同时，大学生对于资格证书的重视程度也能够反映出大学生对于不同职位的关注度。近些年，大多数大学生对于会计从业资格证、建造师资格证等重视程度较高，纷纷投身于这类资格证的考试之中，却忽视人才市场对于会计、建造师等人才的需求情况。当人才市场对于会计、建造师等人才的需求已经接近饱和时，就会对大学生就业造成一定的影响，导致大学生无法及时就业。

随着大学毕业生不断涌入互联网技术、信息技术等行业，这些行业所能提供的岗位越来越少，对于人才的需求也在逐渐减少，但是一些大学毕业生并没有意识到这一点，仍对这一行业岗位趋之若鹜，导致加大自身就业压力，无法及时就业。

从长远来看，朝阳行业虽然有着较高的薪酬，但是人才淘汰率高，稳定性较差，这将会对大学毕业生的长远发展造成一定的影响；而冷门行业虽然薪酬水平相对较低，但是对于人才的需求量较大，能够为大学毕业生提供一个稳定的发展环境，对于大学生毕业生的长远发展具有积极意义。

（3）缺乏信息和自信，毕业生逃避就业

研究发现，国内大多数高校都是通过就业指导课程、校园招聘宣讲会等方式向学生传授就业知识，从理论层面引导学生就业，但是由于学生缺乏在企业的实践经验，难以真正地理解这些理论知识，更别提将这些理论知识运用到就业活动之中。由此，若大学毕业生在就业过程中屡屡碰壁、不断被拒，就会极大地影响其就业积极性和自信心，从而难以就业。当今

时代，大学毕业生更多的是通过互联网平台了解专业信息和就业信息，但是互联网平台所提供的信息过于笼统、繁杂，并不能给学生以精准的指导。对此，高校除了必须对大学生进行理论层面的就业指导之外，更应加强与企业的联系，为高校大学生建立实训基地，使大学生能够通过企业实践了解自身，有针对性地学习技能、发展自我，提高自身竞争力，为正式就业作好相应的准备工作。

（4）价值观和需求偏离，企业与毕业生产生代沟

企业管理者重视人才素质能力，在企业管理中会加强对大学生的能力培养。但是，管理者对于当代大学生的了解较少，更多地以传统思想观念进行集中管理培养，导致一些大学生的个人优势无法得到发挥，挫伤了大学毕业生的工作积极性，影响其发展，从而直接影响企业管理与发展。

在过去，企业所招聘的职员大多为80后，这些职员有着较强的集体荣誉感，能够较好地按照企业的安排开展工作，相对来说更能适应企业的集体化管理；而新时代下90后甚至00后的大学生，其思维开阔，个性鲜明，更渴望企业能够为其提供展示个人能力的平台，并不一定愿意被动服从统一化的管理、无差别式培养。因此，当代许多大学生在不满意企业工作岗位安排时，认为企业无法为自己创造发展平台的情况下会选择辞职。因此，在新的时代背景下，企业管理者应更多地关注当代大学生的个性特征，为大学毕业生营造良好的工作氛围，以丰沛的人才活力推动企业可持续发展。

2. 影响创新创业的主要要素

当今，越来越多的人意识到创业是一个新的发展路径，但创业过程是异常残酷的，有创业成功者，也有创业失败者。总体而言，具有较强的创新意识、专业能力、团队协作能力的创业者创业成果显著，而不具备以上意识和能力的创业者创业之路道阻且艰，失败率高。研究发现，以下几项要素影响创新创业的成功。

（1）就业目标在创业工作中的地位仍不明确

一些地方政府对创业与就业的关系认识并不明确，其简单地将创业活动看作是创造财富的活动，将就业视为创业活动的附属品，由此只注重创业而不重视就业。此外，部分地方政府在指导人们开展创新创业活动的过程中没有明确部门的就业职能和责任，导致各职能部门将主要精力集中于服务创业者，而忽视了就业目标的实现。创新创业活动固然重要，但是不应人为地割裂创业与就业的关系，而应当将创业与就业密切联系在一起，以实现就业目标。

（2）工作协调和资源整合机制尚欠缺

创新创业活动不仅需要创业者的汗水与努力，也需要政府各职能部门和社会组织的支持与帮助。当前，在创新创业活动中，政府各职能部门虽然参与到了创业带动就业的过程之中，但是各部门的职能和职责并不明确，这导致其无法充分发挥各自的作用，从而引发更多的问题。因此，政府必须要协调好各职能部门之间的关系，在创新创业活动中各自发挥自身的优势，更好地推动创业带动就业政策的实施。

（3）政策支持体系尚不完善，政策落实有待进一步加强

目前，我国对于创新创业活动的重视程度较高，各级政府也根据自身的实际情况出台了一些有助于开展创新创业活动的政策，但是在政策落实过程中仍存在一定的问题。如一些互联网创业者主要通过网络平台开展工作，其工作时间、工作地点、工作方式都与一般性创新创业活动有着明显的差异，而若仍以传统的眼光看待互联网创新创业活动，那么不仅无法为互联网创作者提供一定的帮助，可能还会影响互联网创新创业活动的正常开展。

相关调查资料显示，目前一些地方政府所制定的有关创新创业的政策仍只适用于一般的创新创业活动，无法在互联网创新创业活动中充分发挥应有的作用。与此同时，当前的创新创业政策对于创业者也有一定的限制，或仅限于高层次人才，或仅限于就业困难群体，而对一般创业者的优惠政

策相对较少，无法为一般创业者提供相应的创新创业服务。由此可以看出，一些地方政府在制定有关创新创业政策时仍存在一定的问题。

对于有的创业者而言，即便是有创新创业政策，也无法真正享受创新创业政策带来的福利，如税费减免、政府财政支持等落实不到位，或者一些福利的领取条件过于苛刻，不适用于特殊的创业者，这些情况都不利于创业者开展创新创业活动。

从我国人力资源和社会保障部的研究资料来看，在创业者开展创新创业的过程中，仅有50%的创业者享受过创新创业服务政策，有的创业者只是参加过政府组织的创新创业培训活动，也有的创业者只享受过税费减免和小额担保贷款服务，这些情况表明了一些地方政府只是简单地制定了有关创新创业的政策，并没有真正地将创新创业政策落到实处，从而导致无法充分发挥创新创业政策对于创业者的积极影响。

（4）创业服务体系和服务能力难以满足不同创业群体的多元化需求

随着创新创业热潮的到来，各地方政府积极响应国家号召，根据地方的实际情况来制定创新创业政策，其内容涵盖范围较广，包括创业项目咨询服务、创业服务指导、创业者能力培训等，这对于鼓励和推动创业者开展创新创业活动具有重要的积极意义。但是，仍有一些地方政府没有注重加强政府与当地企业之间的联系，也没有整合好创新创业相关的资源，导致创新创业政策的实效性较低，难以真正发挥创新创业政策的作用，也难以为创业者提供相应的帮助，从而影响创新创业活动的正常开展。

（5）青年劳动者的创业观念和创业能力有待进一步提升

一般认为，青年劳动者的创新意识和创造能力要强于其他年龄阶段的劳动力，如果由青年劳动者来开展创新创业活动，那么将会极大地提高创新创业的成功率。但事实上，我国青年劳动者的创业意识并不强，一些高校毕业生更倾向于在毕业后找一份稳定的工作，如教师、公务员等，而不是冒着风险来开展创新创业活动。这样一来，青年劳动力即便有着创新意识和创造能力也无处施展，长此以往，不仅不利于营造良好的创新创业氛围，也不利于为我国培养创新型的人才，这将会对社会经济发展造成一定的不良影响。

另外，从国外一些学者的研究资料来看，国外的大学生创业者数量较多，并且由这些创业者所组建的中小微型企业普遍有着较强的生命力，大多能够存活 8 年以上，而我国的大学生创业者数量相对较少，并且由大学生创业者所组建的中小微型企业的存活年限较短，普遍在 3 年左右。所以，我国在创新创业方面仍存在较多的问题，各级政府必须要加以重视。

3. 当前大学生创新创业现状

（1）大学生创新创业起步晚，水平较低，现仍处于初级阶段

近些年，越来越多的大学生投身于创新创业活动中，致力于运用自身的创新意识和专业知识来创造新的企业。大学生创业者在创新创业过程中不得不面对来自传统企业的挑战，这对于大学生创业者开展创新创业活动会有一定的不利影响。与此同时，一些大学生创业者对于创新创业活动的认识还不够深入，无法真正地将自身所学的专业知识和创造能力运用到创新创业活动之中，这表明大学生创业者应当提高自身的创新创业水平。

与此同时，不同的大学生创业者在专业素质和专业水平有着明显的差距，这也会影响创新创业活动的开展。有的大学生创业者是因为自身的专业素质和专业水平相对较低，无法满足企业对于人才的需求，然后才被迫选择创业这条道路，所以无法全身心地投入到创新创业活动之中；有的大学生创业者具有较高的专业素质和专业水平，有着明确的创新创业目标，因此能够有针对性开展创新创业活动，并推动创新创业活动的顺利开展。

（2）创新创业的大学生缺乏创业政策方面的知识

对于大学生创业者而言，光有资金和创业热情还远远不够，还要对社

会的实际需求进行研究，了解当前社会的需求才能有针对性开展创新创业活动，从而更好地满足社会需求。但是，就目前的情况而言，很多大学生创业者都没有对社会的实际需求进行深入的研究，盲目地根据自身的喜好来开展创新创业活动，从而导致了创新创业活动的失败。

虽然我国对于创新创业活动的重视程度越来越高，也要求各级政府加大对大学生创业者的支持，但是在具体实施过程中仍存在一定的问题，如高校主要从理论层面对学生进行创新创业指导，缺乏相应的创新创业实践；有些地方政府减免了大学生创业者的税费，但是没有为大学生创业者提供相应的资金支持等。这些问题都会对大学生创业产生一定的消极影响，从而导致创新创业活动无法正常开展。

另外，传统企业对大学生创业带来了较大的竞争压力。传统企业虽然缺乏创新，但是它存在时间长，在人们心中早已占据了一定地位，而大学生创业者缺乏经验，难以在短时间内获取人们的信任，这可能会导致大学生创业者在市场竞争中处于劣势地位，无法创造足够的经济效益来支撑其自身发展，导致创业失败。

二、大学生就业形势

在 2019 年，我国高校毕业生总数达到 834 万，高于往年的高校毕业生总数，这一定程度上加剧了我国的就业压力。除此之外，在当前阶段，我国各个城市、各行业对于人才的需求也发生了明显的变化。其中，二、三线城市和中小微型企业对于人才的需求量要高于一线城市和大型企业，这客观上要求高校毕业生将注意力更多地集中于二、三城市和中小微型企业，否则可能会面临失业。

（一）高校毕业生就业的基本形势

近些年，我国高等教育改革取得了显著的成果，各大高校都开始了扩招学生的计划，虽然这样做能够使更多的学生进入大学校园，但是由于有些高校并没有顺应时代的要求来提高自身的教学质量，这会导致大学生无法适应社会发展水平，进一步加剧大学生的就业压力。总的来说，目前高校毕业生的就业形势较为严峻。

1. 毕业生数量急剧增加，未就业人口基数大

虽然目前高校毕业生的数量正在不断增多，但是社会各行业所提供的岗位数量并没有随之增多，这意味着一些高校毕业生将无法找到合适的工作岗位。相关统计资料显示，2001 年我国的高校毕业生总量为 115 万，而到了 2019 年，我国的高校毕业生总量已经达到 834 万，这表明了 19 年来，我国高校毕业生数量增加了近 8 倍。从一些求职网站的数据来看，为了找到满意的工作，高校毕业生平均要投递 30 余份简历，这意味着我国高校毕业生正处于供过于求的局面。

2. 大部分高校培养模式落后，专业设置与社会要求不对口

从国内一些高校的教学模式来看，仍有一部分高校采取灌输式的教学方式，缺乏与学生之间的互动，这导致学生只能被动地接受教师传授的知识，无法积极主动地进行思考，这导致学生无法真正地理解和运用所学知识，难以真正地提高自身实力。与此同时，一些高校并没有根据自身的实际情况来设置专业课程，没有根据社会对于人才的需求来制订相应的人才培养方案，这导致高校的专业课程和人才培养方案无法顺应社会的发展，培养出来的学生也难以满足各行业对于人才的需求。长此以往，学生在人才市场中将无法形成优势，难以吸引用人单位的注意力。

3. 大学生不重视在校学习，择业好高骛远

在大学期间，有的高校学生自觉地学习各种专业知识和专业技能，不断提高自身的理论知识水平和动手实践能力，这对于其日后就业具有积极意义。但是，有相当一部分大学生并没有认真学习专业知识和专业技能，将大多数时间用于休闲娱乐，导致其在求职过程中屡屡碰壁，无法找到合适的工作。与此同时，还有一部分大学生对于自身存在错误的认知，认为其具有不可替代性，凭着自身喜好来找工作，一旦对工作内容、工作时间、

工作地点不满意，就会立即辞职，这使一些企业对于应届大学生的印象不佳，会将注意力转移到其他应聘者身上。

对于大多数大学毕业生而言，他们还缺乏社会经验，对于市场需求的了解较少，而且往往执着于高薪职业，但是高薪职业除了对大学生有着较高的学历要求之外，还要求大学生掌握多项技能，具备较强的动手实践能力，而一些大学生难以达到用人单位的要求。如果长期被用人单位拒绝，难免会挫伤大学生的自信心，从而导致其无法自信地面对用人单位，难以及时就业。

（二）高校毕业生就业特点及趋势

解决好高校毕业生的就业问题对于维护社会和谐稳定和促进社会经济发展具有重要意义。因此，我国政府高度重视高校毕业生的就业问题，通过出台相关政策文件来推动大学生就业，并对高校就业指导工作者提出了更高的要求。而对于高校就业指导工作者而言，要提高毕业生的就业能力和就业质量，就必须深入了解当前大学生的就业特点和就业趋势，有针对性地解决高校毕业生就业时存在的问题。

1. 当前大学生的就业特点

（1）就业的期望值过高，缺乏客观的自我认识和评价

大学生有青春活力，对生活有着较高的追求，但是对自身普遍缺乏正确认知，对自身的期望过高。例如，对于自己所学的专业了解不多，不明确未来的就业方向，认为身为大学生就应当从事一些轻松高薪的职业，就应当将国家事业单位作为首选，但是其又不具备一些专业知识和专业技能，无法满足国家事业单位对于人才的需求；不了解自身的特长和个人优势，往往根据职业的热度来选择职业，导致其面临巨大的就业压力，无法及时就业。近些年来，高校毕业生普遍将重心放在国企、名企、事业单位上，认为自己适合国企、名企和事业单位的工作，事实上他们所学的专业更适合民营企业，这不仅能够充分发挥其优势，还能够为他的成长发展积累丰

富的经验，然而对自身的错误认知导致他们失去了良好的就业机会。

（2）就业渠道与网络息息相关

当代大学生对于互联网的依赖度较高，他们擅长在互联网平台上聊天交友、休闲娱乐、学习知识，因此在求职过程中也会额外关注与互联网有关的职业，如网络工程师、网页设计师、新媒体运营等。与此同时，当代大学生除了在线下投递简历之外，还会在互联网求职平台上投递简历，通过互联网平台迅速了解企业信息、发展历程，并在网上对企业进行比较，寻求其中最合适自己的企业。

（3）在就业方面表现迷茫

一些大学生虽然有着奋力一搏的创业想法，但是面对现实又不得不低头，在这种情况下，大学毕业生难免会出现迷茫感和无力感。他们会不断尝试不同的职业，以寻求最合适自己的职业。当代大学生大多都没有经历生活的艰辛，没有过大的生活压力，因此在求职过程中对于工作的要求也相对较高。换言之，不少大学生不会轻易地将职业固定下来，而是在就业的过程中不断发现其他职业的亮点，不断尝试新的职业，使其通过亲身体验的方式来找到理想的职业。

（4）就业过程中相互攀比，更加功利化

当代大学生对于不同职业和不同地区的看法有所不同。相关调查资料显示，在大城市读书的外地大学生在毕业后大多会留在大城市，他们青睐于在大城市里找工作，不愿意在偏远地区找工作，认为在大城市工作更加体面，更能够彰显自身的能力。与此同时，大学毕业生青睐于薪资高、待遇好的工作，不愿意从事基层工作，认为薪资高、待遇好的工作能够使自身更加自信。但是，这样的工作往往竞争较为激烈，就业成功率相对较低，从而导致大学生无法及时就业，面临失业的风险。

（5）大学生创业意识在不断增强

在过去，大学生更多的是“先就业、后创业”的思维，认为先要通过就业来积累一定的社会经验和积累创业资金，然后再开展创新创业活动；

而现在，有些大学生在校期间就已经开始了创业准备工作，积极开展创新创业实践活动，为毕业后的创新创业奠定良好的基础。因此，高校应当进一步加强大学生的创新创业意识，积极引导大学生开展创新创业实践活动，推动大学毕业生进行创新创业。

（6）大学生就业标准的多元化

随着时代的发展，大学生的就业标准逐渐发生了变化，越来越多的大学生不再局限于专业对口的职业，而是及时转变就业思维，灵活应对当前的形势。面对大学生就业标准的多元化，高校应当对创新创业教育内容进行调整，使创新创业教育更能够满足当前大学生的需求，为大学生就业、创业提供正确指导。

2. 当前大学生的就业趋势

随着政府实施新的就业、创业政策，大学毕业生的就业压力有所减小，但就业形势仍较为严峻。

以某省高校毕业生规模为例，在 2015 年，该省的高校毕业生人数为 29 万，高于往年同期高校毕业生的人数，这一定程度上加大了应届大学生的就业压力。与此同时，高校毕业生的数量仍在逐年增加，这意味着未来高校大学生将会面临更大的就业压力。

（1）毕业生规模将继续创历史新高

在 2018 年，我国高校毕业生总数为 820 万，而在 2019 年，我国高校毕业生总数已经达到了 834 万，并且这个数字还在逐年增长。除此之外，还有往届毕业生、失业人员、职业院校毕业生等参与到就业竞争之中，这意味着高校毕业生的就业压力会越来越大，这个问题必须要引起重视。

（2）短期内经济前景不明朗

在现阶段，我国的经济发展速度有所放缓，一些新的经济问题亟需解决，这对于我国的就业问题也有一定的影响。因此，高校必须进一步加强对学生的就业、创业指导，解决大学生在就业、创业方面存在的问题，引导大学生积极面对当前的就业环境，根据社会对于人才的需求和自身的专业特长来寻找合适的工作。

与此同时，在国内进行产业结构调整的过程中，一些传统产业难以适应新时代的要求，相关企业面临破产的风险，这些传统企业的从业者不得不重新寻找工作，这进一步加剧了社会的经济负担，导致社会上的就业问题更加严峻化。

（3）毕业生就业形势总体看好

从相关调查资料来看，2019 年的高校毕业生就业形势要比往年好。其中，研究生的就业情况要好于本科生，本科生的就业情况要好于专科生。就业形势之所以会变好，是因为国家加大了对高校毕业生就业问题的重视，出台了相关政策文件，鼓励社会上的企业进入校园选聘人才，为高校毕业生提供了更多的就业机会。例如，一些当地的企业会在正式开始校园招聘会之前在校内开办讲座，帮助学生了解企业对人才的需求情况，使学生能够更好地择业。这样一来，有的大学生毕业之后就能够直接进入企业工作，从而有针对性地解决了一些大学生的就业问题。

但是，也有一些大学毕业生对于当前的就业形势过于乐观。虽然一些企业提前在高校招聘，但这并不意味着学生可以随意挑选工作岗位。面对大学生过于乐观的就业态度，高校应适当加强就业、创业指导教育，帮助学生正确认识当前的就业形势，珍惜现有的就业机会，尽早地步入社会并获取社会实践经验，然后再根据自身的实际情况来进行择业。

（4）政府促进就业政策措施力度加大

面对当前大学生在就业过程中遇到的种种问题，各地政府都逐渐加强了对大学生就业工作的重视，致力于保障大学生的基本权益，推动大学生就业。时至今日，我国已经有相当一部分高校毕业生就业率提高到了 90% 以上，这意味着一些地方政府的就业政策起到了显著成效，大部分高校毕业生已经基本实现了就业。

（5）就业专业喜乐不均

从国内一些高校的就业数据来看，不同专业学生的就业情况有一定差异。虽然信息技术行业、通信行业、机械制造业等对于人才的需求仍较高，但与往年相比，其热度已经有所下降，而教育业、社会护理服务业等的热度有所提高，人才需求量较大，具体情况如下。

① 师范专业毕业生就业形势相对较好。在国家政策的影响下，师范专业毕业生的就业机会较多，其可以通过考取编制进入公办学校，也可以通过应聘进入私立教育机构，比较容易就业。

② 石化行业需求减少，铁路、航运等行业需求增多。随着国家产业结构的调整和转型，石化行业的岗位正在逐渐减少，对于人才的需求量也在减少，而铁路、航运等行业的发展势头较好，对于人才的需求量较大。

③ 信息技术行业薪资较高。相关调查资料显示，从事信息技术行业的劳动者的月薪一般高于其他行业的劳动者，因此信息技术行业对于高校毕业生有着较强的吸引力。

第二节　大学生创新创业教育的战略性与重要性

从社会发展的角度来看，引导大学生开展创新创业对于维护社会稳定和促进社会经济发展具有重要的积极意义，因此政府、社会各部门应当重视并支持大学生创业者开展创新创业活动，积极为大学生创业者提供良好的创业平台，充分激发大学生创业者的创业热情。而从政府出台的《关于深化高等学校创新创业教育改革的实施意见》中可以看出，目前国家正在逐步加大对高校创新创业教育的重视，积极引导高校开展创新创业教育改革，以便于更好地推动大学生开展创新创业活动。

与此同时，思想教育是创新创业教育的重要组成部分，它与高校课程体系中的思想政治教育教育有着密切的联系，二者能够共同为大学生创业者提供思想层面的正确引导。在开展创新创业教育的过程中，创新创业教师应当将正确的价值观融入就业与创业指导中，引导大学生树立正确的择业观，使大学生能够正确处理个人兴趣爱好与社会对人才需求之间的关系，明确自身的就业方向或创业方向，有目的性地引导大学生开展创新创业活动。

一、“大众创业、万众创新”的重要理论意义和现实意义

（一）“大众创业、万众创新”揭示了创新创业理论的科学内涵和本质要求

一般认为，创新是指对现有的生产要素进行重组，使其能够具备新的创造财富的能力，而创业是指创业者对所拥有的资源进行优化整合，从而创造新的产品或服务的过程。其中，创新可分为两种情况，分别是技术层面的创新和社会层面创新，而创业也可分为两种情况，分别是创办新的企业和在原有企业的基础上进行创业。

创新与创业之间有着密切的联系，创新是开展创业活动的前提条件，创业实质上就是创新活动。但是，二者又有一定的区别，即创新的主要作用在于推动社会经济增长，而创业不仅能够推动社会经济增长，还能够创造大量的工作岗位，解决一部分人的就业问题。

从中可以看出，“大众创业、万众创新”理念的提出进一步阐明了创新创业理论的科学内涵和本质要求，使人们能够更好地理解创新与创业之间的联系和区别，从而更好地开展创新创业活动。

（二）“大众创业、万众创新”反映了人类创新发展历史和经济发展的一般规律

随着“大众创业、万众创新”理念的提出，人们对于创新、创业、人、企业之间的联系有了新的认识，即不仅要通过创新来推动社会经济发展，还要通过创业来创造更多的工作岗位，从而营造稳定的社会环境。与此同时，不仅要引导精英群体开展创新创业活动，还要引导普通群众开展创新

创业活动。只有这样，才能更好地激发人们创新创业的热情，引导人们积极开展创新创业的理论研究和创新创业实践活动。

虽然我国在近些年才提出“大众创业、万众创新”的理念，但是早在20世纪80年代人们就已经开展了“大众创业、万众创新”。例如，在我国开展以家庭联产承包责任制为核心的农村体制改革过程中，全国各地的农民就开始了创新创业活动，促进了乡镇企业的诞生；在我国开展经济体制改革的过程中，一些科研人员和国有企业职工就开始了创新创业活动，促进了民营企业的诞生。在“大众创业、万众创新”的过程中，“草根”创业者起到了示范性的作用，他们以自身的创新意识和创造能力为他人树立了良好的榜样，引导了更多的创业者投身于创新创业活动之中，为我国社会经济发展作出突出的贡献。

从中可以看出，要推动创新创业活动，就必须要营造良好的创新创业氛围，还要弘扬创新创业精神和发挥优秀创业者的示范作用，充分调动人们的创业热情，使人们积极参与创新创业活动之中。

（三）“大众创业、万众创新”是坚持创新发展、实施创新驱动发展战略的关键途径

当前我们正处于互联网时代，创新创业活动的内容和形式都会随着时代的发展而发生一定的变化，因此大学生创业者在开展创新创业活动之前必须要明确科技创新的内容，从科技人员的实践活动中汲取一定的经验，强化自身的创新创业意识和提高自身的创新创业能力，从而更好地推动“大众创业、万众创新”。互联网为大学生创业者提供了新的创业平台，大学生创业者应当转变自身的创新创业思维，着眼于当前的科学技术，加快科学技术与创新创业活动的结合，进一步形成自身的竞争优势。同时，大学生创业者应当加强对科学技术的认识，将科学技术与自身创造力进行融合，通过创新创业活动将科技成果转化为现实生产力。要做到这一点，高校必须进一步推动创新创业教育，提高大学生创业者的创新创业意识和

创新创业能力，引导大学生创业者将科学技术运用到创新创业活动之中，积极创立新的创业企业，为社会经济注入新的活力，进一步推动社会经济发展。

（四）大众创业、万众创新是推进供给创新的重大结构性改革

现阶段，推动供给侧结构性改革是我国经济发展过程中的一项重要工作内容，这对于推动我国社会经济发展有着重要的积极意义。供给侧结构性改革主要表现为对要素投入侧和生产侧进行改革，即根据社会的实际需求来对土地、金融等要素和生产端进行改革，从而生产出高质量、高水平的产品，满足社会对于特定产品和服务的需求。

而推进“大众创业、万众创新”有助于进一步增强微观经济活力，为社会创造更多的工作岗位，解决一部分人的就业问题，从而维护社会稳定，促进社会经济发展。因此，政府和社会各部门应当加大对“大众创业、万众创新”的重视，为创业者提供经济、技术、人才等方面的支持，为创业者营造良好的创业环境，积极推动创业者开展创新创业活动，建立新兴企业，使创业者为推动社会经济发展作出更多的贡献。

现阶段，我国正处于经济结构调整、经济发展速度变化的重要时期，开展创新创业活动对于加快经济结构调整和加快经济发展速度有着重要意义。因此，我们必须要进一步加大对“大众创业、万众创新”的重视，引导新的创业者投入到创新创业活动之中，使一些具有较强创新意识和创造能力的创业者能够充分发挥自身创业能力，并在政府和社会各部门的帮助下取得创业活动的成功，为社会发展贡献自己的一份力量。

二、开展大学生创新创业教育的重要意义

在高等院校中，创新创业教育主要是为了将高校学生培养成为具有创新创业意识和创新创业能力的创新型人才，满足社会对于创新型人才的需求，从而促进社会经济发展。同时，面对不同的创业群体，创新创业教育

的内容也有所不同。例如，对于具有创新创业倾向的大学生而言，创新创业教育能够引导大学生进一步明确创业方向；对于具有一定创新创业实践经验的大学生而言，创新创业教育能够引导大学生明确自身存在的问题，以便日后更好地开展创新创业活动。

在创新创业教育过程中，教师一方面可以通过创新教育来提高大学生的创新意识，开拓大学生的创新思维，另一方面可以通过创造性教育来培养大学生的创造能力，使大学生将自身的创新意识运用到具体实践活动之中。从中可以看出，开展大学生创新创业教育对于大学生具有重要的积极意义

（一）转变教育观念，深化教育改革，以人为本改革传统教育的人才培养模式

在过去较长的一段时间内，我国一些高校在教学的过程中主要将重心放在传授知识之上，却没有引导学生理解知识和运用知识，这导致一些学生的自主意识较差，不会主动参与到创新创业过程之中。因此，高校必须推进创新创业教育，以便于转变教育观念，形成新的人才培养模式，更好地引导大学生明确创新创业教育的重要意义，培养大学生自主意识，使大学生主动地学习创新创业专业知识和创新创业技能，进一步提高大学生的创业意识和创业能力。

（二）弥补传统教育的不足

在传统的高校教育中，高校主要强调的是学习专业知识和专业技能对于就业和创业的重要性，忽视了创新创业意识和创新创业能力对于大学生的作用，这使得大学生无法充分运用所学专业知识和专业技能。而创新创业教育能够有效弥补传统教育的不足，因此高校必须加快推进创新创业教育，强化大学生对于专业知识和专业技能的实际运用能力，提高大学生的创业意识和创业能力，使其更好地适应社会发展需求。

（三）推动高校实现培养应用型人才的人才培养目标

开展创新创业教育不仅有助于丰富大学生的知识储备，还能够引导大学生将所学知识运用到创新创业实践之中，从而深化大学生对于专业知识与专业技能的理解和提高大学生的动手实践能力，使大学生积极参与到创新创业过程之中。这样一来，就能够更好推动高校实现培养应用型人才的人才培养目标。

（四）满足大学生这个学习阶段、年龄阶段的迫切需要

相关研究资料显示，有相当一部分大学毕业生在就业或创业的过程存在方向不明确、社会经验不足、应变能力较差等问题，这极大地阻碍了大学毕业生开展就业或创业活动。而高校开展创新创业教育能够为大学生提供就业或创业上的指导，即一方面引导大学生学习创新创业专业知识和技能，另一方面引导大学生开展创新创业实践活动，从而帮助大学生更好地了解就业和创业的过程，积累社会实践经验，为日后开展创新创业活动作好相应的准备工作。由此可见，开展创新创业教育有助于满足现阶段大学生在就业和创业方面的需求，对于大学生未来的发展有着重要意义。

三、培养大学生创新创业意识与能力

对于大学生而言，培养创新创业意识能够有助于其树立正确的创新创业方向，端正创新创业的态度，使其更积极主动地参与到创新创业过程之中；而提高创新创业能力有助于大学生将所学的专业知识和专业技能运用到创新创业活动之中，从而更好地开展创新创业活动。因此，要推动大学生开展创新创业活动，高校就必须要重视创新创业教育，着重培养大学生的创业意识和创业能力。在具体实施过程中，应做好以下几点工作。

（一）提升大学生创新创业思想认识高度，营造整体创新创业氛围

要培养大学生创新创业意识，首先要使大学生明确开展创新创业活动

对于维护我国社会稳定和促进社会经济发展的重要意义，认识到创新创业活动实质上就是为社会作贡献；其次要使大学生明确开展创新创业教育并不是为了引导所有的大学生都去创业，也不是只针对有创业倾向的学生，而是为了提高大学生的创新意识，将大学生培养成为创新型人才；最后要引导大学生积极乐观地面对创新创业活动。

在开展创新创业教育的过程，高校可以通过校园媒体向学生宣传一些创业成功的校友，介绍他们的创业经历，为未创业、即将创业、已经创业的大学生提供积极引导；也可以通过开展创新创业设计大赛的方式来调动大学生的创新创业思维，使大学生提前适应创新创业的过程；还可以引导一些具有创业倾向的大学生组建团队，使不同的学生能够进行创新创业思维的碰撞，更好地调动大学生开展创新创业活动的积极性。

（二）重视相关师资建设，充分利用社会资源为大学生创新创业提供服务

目前，国内仍有一些高校对于创新创业教育重视不够，没有引入创新创业专业教师来负责创新创业教育，而是由其他专业教师来兼任创新创业教师，导致创新创业教育缺乏实效性。因此，高校必须要加强师资建设，引入创新创业专业教师来组建专业教师团队，并对创新创业专业教师进行培训，使其更能够满足当前学生的发展需求。同时，高校还应加强与社会上的成功创业者之间的联系，聘请成功创业者开办讲座，向大学生分享自身的创业经验，加深大学生对创新创业活动的认识。这样一来，学生不仅能够从创新创业专业教师身上学到大量的专业知识，还能够从社会上的成功创业者身上获取丰富的实践经验，为未来开展创新创业活动作好相应的准备工作。

（三）积极搭建平台，重视实践活动，提升大学生创新创业实际操作能力

创新创业教育是一种实用性较强的教育，因此大学生不仅仅要掌握创

新创业专业知识，还要掌握创新创业专业技能，并将创新创业技能运用到具体的实践过程之中，这样才能真正地提高大学生的创业能力，才能更好地开展创业实践活动。同时，为了更好地培养大学生的动手实践能力，高校应当为大学生建设创新创业实践平台，使大学生能够通过具体的创新创业实践来发现自身的不足并获取一定的经验，有目的性地提高自身的创新创业能力，为日后开展创新创业活动作好相应的准备工作。

（四）从政策上鼓励、支持和扶助大学生创新创业

创新创业教育涵盖了多个方面的内容，如果仅仅是通过高校的课程教学来开展创新创业教育，那么将无法全面地提高大学生创新创业意识和创新创业能力。因此，高校应当加强与政府、社会之间的联系，使三者共同作用于创新创业教育，以便于更好地为大学生学习创新创业专业知识和开展创新创业实践活动提供多方面的支持，达到全面提高大学生创新创业意识和创新创业能力的目的。

从高校层面来看，教师应加强与学生之间的互动，了解学生在创新创业专业知识方面存在的问题，并有针对性地解决学生的实际问题；从政府层面来看，当地政府应出台有关创新创业的政策文件，为高校提供方向上的指导和财政支持，使高校能够顺应时代的发展来开展创新创业教育，并在校内建设创新创业实践基地，让学生更好地开展创新创业实践活动；从社会层面来看，社会应当建立完善的创新创业服务体系，为大学生提供创新创业指导和创新创业服务，积极引导大学生参与到创新创业过程之中。除此之外，高等院校还要加快教育思维的转变，鼓励高校创新创业教师参与到创新创业活动之中，使高校创新创业教师能够用自身的实践经验来影响学生，使学生了解书本之外的知识，进一步加深学生对于创新创业活动的认识。久而久之，学生的创新创业意识和创新创业能力都会得到显著提高。

第三节　开展就业、创业指导的作用与内容

一、开展大学生就业、创业指导的作用

（一）帮助学生正确地把握目前就业市场的需求和各省市有关大学生就业的制度和政策

开展大学生就业、创业指导能够使大学生更好地了解社会各行业对人才的需求和各地为大学生就业所制定的政策。这样一来，学生就能够有针对性地提高自身的能力和专业素质，更好地就业。与此同时，开展大学生就业、创业指导有助于大学生了解当前的就业形势，明确自身存在的优势与劣势，充分发挥自身的优势去开展就业与创业活动。

（二）指导和帮助学生完成学业，促进全面发展

开展大学生就业、创业指导能够使大学生意识到就业、创业的重要意义，督促和指导大学生完成学业，将重心逐渐从学业转移到就业、创业之上。与此同时，开展大学生就业、创业指导还能够帮助大学生确立发展目标，引导大学生根据发展目标要求不断提高自身的能力，为日后开展创新创业活动作好相应的准备。

（三）指导和帮助学生了解职业发展趋势，树立正确的择业观念

对于一些大学生而言，他们在就业和创业过程中容易陷入迷茫，而开展大学生就业、创业指导能够使学生了解自身所学专业的发展前景和行业发展趋势，然后根据自身的实际情况来进行就业或创业选择。

（四）指导毕业生把握求职对策，促进其顺利就业、创业

由于大学生缺乏社会经验，对于就业、创业的要求、规则及具体内容的了解较少，因此容易在就业、创业过程中遇到阻碍，导致就业、创业受

挫。而开展大学生就业、创业指导能够帮助大学生了解更多有关求职或创业的政策，这样大学生就可以少走弯路，从众多职业中挑选出最适合自己的，或者明确自己的创业方向。

二、就业、创业指导的内容

（一）就业、创业形势指导

就业、创业形势指导是指高校就业、创业指导教师对现阶段社会各行业对创新型人才的需求情况和当前的就业形势进行分析的过程。这样做有助于大学生更好地了解社会的需求、行业的发展前景，更好地就业、创业。对于大学生而言，对于就业、创业形势的了解越多，就越能够在就业、创业过程中占据主导地位。

（二）就业、创业政策指导

就业、创业政策指导是指高校就业、创业指导教师对国家根据不同地区、行业等的实际情况所制定的就业、创业政策进行分析的过程。这样做有助于大学生了解国家对于特定地区、行业的优惠政策，减少自身的就业、创业压力。对于大学生而言，国家所制定的就业、创业政策表明了特定地区、行业对于人才有着强烈的需求，这些地区、行业能够为大学生提供相应的工作岗位和创业机会，减少了大学生就业负担和创业压力，更好地促进了大学生成长。因此，高校就业、创业指导教师应当着重加强就业、创业政策指导，帮助大学生更好地了解国家就业、创业政策，助其顺利地就业、创业。

（三）择业观指导

择业观指导是指高校就业、创业指导教师对正确的择业观进行分析的过程。择业观是大学生在选择职业的过程中对于职业的认识，直接关系到学生的就业、创业问题。一般来说，受多种因素的影响，不同学生往往有着不同的择业观，如有的学生以薪酬水平为标准来评判职业的好坏，有的学生以工作是否体面为标准来评判职业的好坏，还有的学生以工作内容是否轻松为标准来评判职业的好坏。总的来说，目前仍有较多的学生存在错误的择业观，所以开展择业观指导是十分必要的。在开展择业指导的过程中，就业、创业指导教师应更多地引导大学生树立长远发展的眼光，通过就业、创业来实现自身的远大理想，为社会发展作出自身的贡献。

（四）择业技巧指导

择业技巧指导是指高校就业、创业指导教师对求职择业技巧进行分析与教学的过程。要想成功就业，不仅仅要掌握专业知识和专业技能，还要懂得运用求职择业技巧来展现自身与众不同的一面。在开展择业技巧指导的过程中，高校就业、创业指导教师应当做好三点工作：第一，引导学生了解自身的个性特点、专业特长等，以便于学生明确最适合自己的职业；第二，向学生讲述自荐、面试过程中应当注意的事项，传授一些有关自荐、面试的常用技巧，从而使学生能够更好地向用人单位展示自己；第三，引导学生树立竞争意识，在就业竞争中采取正当竞争的方式来获得用人单位的认可。

（五）择业心理指导

择业心理指导是指高校就业、创业指导教师对择业心理进行分析与教学的过程。在择业过程中，受学生自身经验不足、用人单位较为严格等因素的影响，学生的择业心理会发生一定的变化，可能会出现焦虑、自卑、难以抉择等心理反应，从而影响择业的成功率。因此，高校就业、创业指导教师应当做好择业心理指导，通过一些心理训练来克服学生紧张、怯场的心理，引导学生以良好的心态面对用人单位，促进学生顺利就业。

（六）“从学校走向社会”的引导

从“学校走向社会”的引导是指高校就业、创业教师对学生的社会角色转变过程进行分析的过程。就业是每个大学生都必须要面临的现实问题，并且必须要经历从学生转变为职业工作者的过程。因此，为了使学生更好地适应角色转变过程，高校就业、创业教师应当做好学生“从学校走向社会”的引导工作。在具体实施过程中，高校就业、创业教师先要对学生在大学期间和工作期间所处的状态进行分析，使学生明确在大学期间和工作期间应当做什么及怎么做，引导学生尽快调整自身的状态，以便于更好地适应工作环境。

（七）创业指导

创业指导是指高校就业、创业教师对创业的过程、具体内容等进行分析，引导大学生进行创业活动的过程。对于当代大学生而言，就业并不是唯一的发展道路，自主创业能够更好地发挥大学生的创新意识和创造能力，为社会作出更大的贡献。

从目前的情况来看，我国政府对于创业的重视程度高，近些年陆续出台了一些鼓励大学生开展创业活动的政策，这为大学生创业提供了好的发展机遇。同时，国内就业形势严峻，高校毕业生的就业压力逐渐增大，这使得一些高校毕业生不得不投身于创新创业活动之中。因此，高校应当进一步加强创业指导工作，使高校毕业生少走弯路，全身心地投入到创新创业活动之中。

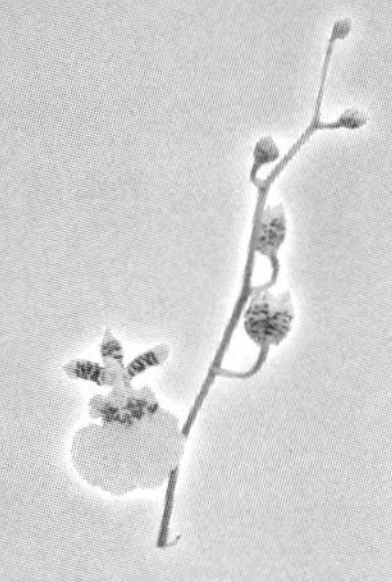

第二章 就业认知与就业准备

第一节 就业认知

大学生在就业过程中会产生一系列与求职经验和就业知识相关的心理活动，如判断、想象等，这些心理活动被称为就业认知。就业认知包括大学生对自身主客观条件的认识，还包括对自身所处的客观职业环境、职业发展态势的认识。

一、自我认知

（一）自我兴趣认知

1. 兴趣与职业的关系

兴趣是个体想要认识、掌握某种事物，想要经常参与某种活动的心理倾向。大学生就业认知的目的实际上是在认识自己的能力和社会环境后，探索出自己感兴趣的、适合从事的工作。

兴趣与工作满意度和职业成就感之间有直接关联，对工作完成度和职业稳定性也产生着很大的影响。因此，能够从事感兴趣的职业，或是能够从职业中获得兴趣的满足，就业者将会在工作中获得快乐和动力，有利于提高工作的完成质量和效率。就业者要平衡好工作与个人爱好之间的关系，使两者协调统一。

2. 职业兴趣相关理论

最为人熟知的是霍兰德的兴趣理论，霍兰德认为：职业选择是人格的一种表现，而某一类型的职业通常会吸引具有同样人格特质的人，这种人格特质反映在职业上就是职业兴趣。他认为大众的职业兴趣可以概括为六种类型：实用型（Realistic，简称 R）、研究型（Investigative Type，简称 I）、艺术型（Artistic Type，简称 A）、社会型（Social Type，简称 S）、企业型（Enterprising，简称 E）和事务型（Conventional Type，简称 C）。个人的职业兴趣通常不只有一方面，只是偏好程度有着较大区别，为了比较全面表示个人的职业兴趣，霍兰德提出了“霍兰德代码”，即用偏好程度最强的三种兴趣的字母代码来表示一个人的兴趣，三个字母的顺序代表兴趣的强弱程度。

由于某一类型的职业吸引着拥有某些人格特质的人，所以同一职业群体内的人通常会对同样的情境和问题产生类似的反应，如此便形成了特定的职业氛围即职业环境，在这种职业环境里有着明显的价值观、态度倾向和行为模式。职业环境也可以分为上述六种类型，具体职业也可以用三个字母代码来描述其工作性质和职业氛围。个人兴趣类型和职业类型之间达到良好适配局面有利于提高个人的工作满意度和职业成就感，从而促进个人的职业发展。因此，个人在进行职业选择时，可以以自己兴趣为依据，寻找与自己的兴趣类型方向一致的职业类型，即根据兴趣代码寻找与之匹配的职业环境代码，这样能够了解到可能适合自己的工作领域，找到适合自己的工作。

（二）自我性格认知

性格是人对现实的态度和行为方式中比较稳定的心理特征的总和，是人对外界表现的一致性因应方式。性格特征较为明显，诸如正直、虚伪、懒惰、诚恳、傲慢等。人的性格与其成长经历相关，受到不同的生理、家庭教养、文化、社会环境等因素的影响，形成了自己的独立个性。不同性

格的人有着不同的气质，对待外界也会作出不同的反应。

1. MBTI 概述

MBTI（Myer-Briggs Type Indicator）的理论基础源于瑞典心理学家荣格有关知觉、判断和人格态度的观点，后经研究发展成为人格测评工具，用四维度偏好二分法来探索一个人的类型偏好。

MBTI 衡量的是个人的类型偏好的倾向性，这些偏好没有优劣之分。通过 MBTI 可以了解到，人的性格具有多样性，个体的性格差异导致了个体的行为模式、价值取向的差异性。性格类型深刻影响着我们认识和判断事物的角度、思考问题的方式、决策的动机、行事的风格、生活习惯和喜好。

MBTI 把个人在性格（E 内向型与 I 外向型）、信息收集（S 感觉型与 N 直觉型）、决策（T 思维型与 F 情感型）、生活方式（J 判断性与 P 知觉型）四个方面的不同偏好，总结出四大类 16 种倾向组合，这四大类分别是情感主导型、思维主导型、直觉主导型、感觉主导型，每一大类都包含着四种性格类型。

情感主导者通常以富有情感的方式作决定，并以感性思维考虑到对别人的影响；思维主导者思维逻辑性强，善于分析，思维和行为有条理性；直觉主导者是高度依靠直观感觉，善于全面考虑问题，行事风格较为跳跃；感觉主导者相信感官接收的信息，观察敏锐。

2. 四类性格类型及其特点

（1）E-I 维度——个性第一层：外向型（Extraversion）—内向型（Introversion）

该维度表示的是个体的心理能量的获得途径和与外界相互作用的程度，能量朝向角度偏向客观世界则为外倾型，能量角度偏向精神世界则为内倾型。内倾和外倾表示的是偏向，并不是完全相对的，例如，内倾者不愿意主动和人打交道，但不意味着他们人际交往能力差。

外倾者的注意力更多地投放到外部客观世界中，从外部获得心理能量，外倾者需要通过经历来了解世界，所以他们习惯于外界活动，喜欢与人交往，反应迅速；内倾型态度者的注意力更多地指向内部的精神世界，其心理能量通过内部的思想和情绪等而获得，他们看重事物的意义，在头脑内安静地思考以加工信息，所以他们习惯独处，或是习惯一对一的人际交往。

（2）S-N 维度——个性第二层：感觉型（Sensing）—直觉型（Intuition）

个性类型的第二个层面表示个体在收集信息方面的注意力指向，获取信息的方式有感觉和直觉两个方向。

感觉型的人倾向于依靠感官获取信息，相信实际的事物，崇尚现实主义和常识，关注事物的细节，做事求真务实，踏实稳妥，适合做执行类的工作。

直觉型的人倾向于通过第六感来获取信息，相信事物背后隐藏的意义，善于想象，喜欢接触新鲜事物、学习新技能，行为和思维跳跃，做事节奏快，跨度大，适合做理论性、创造性的工作，如策划工作。

（3）T-F 维度——个性第三层：思维型（Thinking）—情感型（Feeling）

个性类型的第三个层面是判断维度，表示个体在作决定时和结论时采用的方式。

思维型的人在判断时崇尚逻辑和公正，以符合逻辑的推理进行判断，有统一明确的标准，关注事物本身，追求客观性，较少受个人感情的影响，成就欲望较强，认为合乎逻辑的感情才是正确的。思维型的人喜欢与有着客观标准的事物打交道，如数字。

情感型的人作决定的依据是自己的价值观，期望自己的情感与他人保持一致，考虑别人的感受，认为所有的感情都是正确的，易于理解别人，通常被视为无逻辑、脆弱。他们喜欢和谐的工作环境，习惯用感觉和爱好作决定。

（4）J-P 维度——个性第四层：判断型（Judgment）—知觉型（Perception）

个性类型的第四个层面表示的是个体的生活方式，即个体更愿意以有条理的固定方式生活，喜欢随意自然的生活方式。

判断型的人会通过计划来调控自己的生活，确立目标，制订计划，并按时完成任务，这个过程让他们获得满足。他们珍惜时间，注重条理性和计划性，具有“工作原则”，会按照计划完成任务，先完成工作再进行休闲娱乐活动，习惯井井有条的生活，如房间、办公桌都收拾得整齐有序。判断型的人认为系统计划和秩序是非常重要的，一旦计划被打乱将会受到较大负面影响。

知觉型的人倾向于用自己的感觉和知觉的方式去面对其他事物，他们的态度通常是灵活的、开放的，不喜欢制订计划，喜欢自发、随意地处理问题。他们注重结果，不喜欢任务有限期，喜欢适应新环境，最感兴趣的是最初在解决问题时创造新思路的阶段，但是容易改变目标，在对事物失去兴趣后便缺少完成任务的自制力，所以知觉型的人难以完成太多目标，但是他们很善于抓住机会适应新的情况。

3. 四种性格类型与职业偏好

通过对以上四个维度八个极的分析，可以得到这四种性格类型的特征及其职业偏好。有大量研究表明，性格类型与职业选择有密切关系，尤其是 S-N、T-F 两种维度的组合。比如，ST 型的人强调以实效和实际方式应用详细资料，适合从事商业领域的工作；NT 型的人注重逻辑推理、理论知识，适合从事科学、技术方面的工作。

16 种 MBTI 类型描述了个体的行为选择偏好，但是其职业倾向的描述都是从大的类别描述的，是为了使人们更加了解自己的性格，从而找到适合自己从事的职业范围。所以在选择职业时千万不要被 MBTI 类型所描述的职业倾向给禁锢了，重要的是具体的工作，而不是一个工作类别。只有自己才能知晓适合自己性格特点的工作，要灵活运用这一理论帮助自己进行职业选择。在运用该理论时，要明白每种性格类型都是独特的，没有好坏之分，要更好地认识和了解自己的性格和行为特点，从自身出发来解决工作问题。

（三）自我能力认知

自我认知包括自我观察和自我评价。自我观察是指对自己的感知、思维和意向等方面的觉察，自我评价是指对自己的想法、行为及人格特征的判断与评估。自我认知是自我调节的重要条件，自我能力认知即对自己的能力的观察和评价。

1. 能力的含义

能力是人在实践中所体现出来的综合素质，是掌握和运用知识技能所需的心理条件，是影响活动完成的个性心理特征。

2. 能力的分类

根据能力表现的活动领域划分，能力可以分为一般能力和特殊能力。

一般能力是指人完成各种活动必须具备的基本能力，是人有效认识世界的基础，也称为智力。一般能力是人具备的基本能力，如感知能力（观察力）、记忆力、想象力、思维能力、注意力等。一般能力的核心是抽象思维能力，是决定能力发展水平的核心因素。

特殊能力又称为专门能力，是顺利完成某种专门活动所必备的能力，适用的范围较为狭窄，如音乐能力、计算能力、演讲能力等。

一般能力和特殊能力相互关联。一方面，特殊能力的发展以一般能力为基础，一般能力在某种特殊活动领域得到特别发展时，就可能成为一种特殊能力；另一方面，在特殊能力发展的同时，也促进了一般能力的发展。人在完成某个活动时，不可能只依靠单一的某种能力，而是需要多种能力的共同参与。

此外，还有一种能力被称为“潜能”，也称“能力倾向”，即个体在现有发展条件下，经过学习和训练而达到更高水平的可能性。人的潜能有很大差异，主要受先天因素影响，如音乐、运动能力等。潜能是人提高自己能力、获得更好发展的基础。

能力和兴趣是两个截然不同、相互独立的概念，对于职业来说，兴趣表示的是人的职业偏好，而能力则表明人是否能胜任某个职位。人与人之间在能力上存在着明显的个体差异，如智力差异等。因此，职业规划必须基于个体的能力，结合自己的兴趣，扬长避短。

3. 影响能力发展的因素

（1）遗传因素

遗传因素是能力发展的自然基础，决定着能力发展的可能性。遗传因素决定了胎儿的生长发育及出生后的智力，人能力发展的生理上限在出生时已经固定了。

（2）环境因素

个体的成长环境对其能力发展产生重要影响，其中儿童 1～3 岁期间的成长环境尤其重要，父母采用的教养方式会决定孩子一生的性格特征，进而影响到孩子的能力发展状况。

学校教育是个体能力发展的关键因素，学生通过系统地接受课程教育，学习通识知识和专业知识，发展自己的各方面的能力。

（3）优良的个性品质对能力的形成和发展具有重要的意义。不乏具有天赋的人因为懒惰而不认真学习或练习，没有切实提升自己的能力，最终能力平平；也有许多天赋不佳的人通过自己的勤奋和坚持，不断苦练，最终提高了自身能力，取得了事业上的成功。

对于就业来说，个体的能力发展与其工作满意度有密切联系。当个人的能力能够满足工作要求时，个人将会获得满足感，这种满足感很大程度上影响着工作满意度，工作满意度是个人在岗位上乃至行业中持久发展的重要原因。

此外，个人的能力满足工作要求不仅能获得满足感，还有机会激发自己的潜能；相反，当个人能力不足以达到工作要求时，就会产生挫败感，会产生焦虑等不良情绪。因此，人们要寻求与个人能力相适配的工作。

（四）自我价值观认知

1. 价值观概述

价值观是人辨定是非的一种思维或取向，简单来说就是人在生活和工作中看重的原则、标准和品质，对人的动机有导向作用。价值观因人而异，具有相对稳定和持久性，但是在特定的环境下是可以改变的。价值观在职业上体现为职业价值观，是指个人对职业的认识和态度及他对职业目标的追求和向往。

众多学者不断在研究价值观，著名哲学家斯普朗格提出了六种类型的价值取向：经济型、政治型、理论型、审美型和宗教型；美国社会心理学家米尔顿·罗克奇则总结出十二种价值观偏好，揭示了不同类型的价值观内容。

对于大学生来说，要了解价值观对自己的生活和职业发展的影响，根据具体情况作出更优选择，同时要认识到，几乎没有能够完全满足自己的职业价值观的工作，因此择业时要学会合理取舍。

2. 价值观的激励作用

马斯洛提出，人有五个层次的需求：生理需求、安全需求、归属需求、尊重需求和自我实现的需求。只有当低层次的需求得到基本满足后，个人才能关注并致力于满足下一层次的需求。这些需求是个人发展的强大内在驱动力，在生活中，这些需求反映为人的价值观。

以不同的职业价值观为例，有些人对于工作最看重的是收入，有些人看重的是工作是否符合自己的喜好。这两者的不同是因为其所处的需求层次不同，前者基于生理和安全需求层次判断，而后者则是基于归属、尊重、自我实现需求层次的判断。可见，职业价值观在人职业生涯发展中发挥着决定性的作用，人们的择业行为受到职业价值观的支配。

二、职业认知

大学生的职业认知就是大学生对职业的认识与态度评价，是就业认知的第二步，是能否成功就业的关键，具体表现为大学生在职业选择时对职业的认识以及选择、评价标准等。职业认知与个人的专业、职业价值观息息相关，所以个体的职业选择也不尽相同。

（一）职业选择评价标准

1. 职业选择的标准

（1）工资收入水平

工资收入是人才价值的体现，是工作中非常重要的收益，所以人们在进行职业选择时普遍将工资收入列为首要考虑因素。大学生在择业时，往往首选薪资高的企业，但是大学生在择业时最重要的应是以长远的眼光去衡量各方面因素，不能只一味追求高薪。

（2）个人兴趣与爱好

大学生拥有追求梦想的朝气和勇气，将与自己的兴趣爱好的匹配度作为重要择业标准。需要注意的是，大学生在基于兴趣爱好择业时，要考虑到自己的能力，选择自己能够胜任的工作。

（3）单位性质

当今社会大学生就业压力大，许多大学生受到社会舆论的影响，对用人单位的性质也非常在意，不少大学生对单位性质的选择顺序为：政府机关、金融机构、高等学校、国有企业、外资企业、合资企业、民营企业。

（4）单位的地理位置

大学生在择业时面临一个难题，即选择在哪个城市工作，这是关于单位地理位置的考虑。很多大学生想去大城市闯荡，大城市的就业机会多，经济、技术发展程度高，大学生能得到锻炼的机会更大，因此经济发达的大城市以及沿海开放城市会成为大学生择业时首要的考虑地区。但大学生应全面考虑，既看到大城市的优势也要看到对自己而言的不足之处，理性选择就业地区。

（5）就业单位的发展前景

个人的职业发展情况与所在单位的发展前景密切相关，大学生在择业时要注重单位的发展前景。

（6）继续深造的条件和机会

活到老，学到老，尤其是大学生，刚刚毕业，知识面及实际工作经验有所欠缺，需要在工作中继续学习，补充新知识。因此，择业时大学生要考虑用人单位可提供的学习深造条件和机会。

2. 职业选择的原则

（1）符合社会需要的原则

大学毕业生在自主择业时，要把社会需要作为出发点和归宿，做满足社会需要的新时代人才。

（2）发挥个人素质优势的原则

个人在选择工作岗位时，要从自身综合素质情况出发，以便能够顺利、出色地完成本职工作。

① 发挥专业所长，即发挥大学阶段学到的专业知识。

② 发挥能力所长，即运用自己的优势选择相应的工作，如设计能力强的从事设计工作、文字表达能力强的从事文秘、编辑工作。

③ 发挥性格所长，如善于理性思考的人适合从事基础理论研究工作、善于解决问题的人适合从事科学研究或领导工作。

（3）主动选择的原则

① 主动了解人才供求信息和规格要求

随着社会的不断发展，社会对于人才的需求也在变化，主动了解用人单位的要求，为正确择业有帮助。

② 主动完善自己

大学毕业生要根据社会需要，不断加强学习，主动提高和完善自己的综合能力，以便满足工作岗位的要求。

（4）着眼未来，面向未来的原则

大学毕业生在选择职业时，不能只看眼前实惠，不看企业发展前景；不能只顾眼前的安逸，不顾未来的追求。总而言之，择业时要开阔视野，用长远的目光看待自身的职业发展，把握择业主动权。

3. 寻求理想职业应注意的问题

（1）认识自己，了解职业

认识自己的目的在于了解自己适合做什么工作，既要认识自己的能力、性格和兴趣，也要认识自己的知识结构和职业适应性。了解职业的目的在于增加就职时的目标性，较少盲目性，因此要了解职业特点、职业环境、职业报酬，也要了解该职业对从业者素质的要求。

任何人都有自己的优点和缺点，优点和缺点对于不同的工作来说是可以转换的，即求职者身上的同一个素质对于一种工作是优点，对于另一种工作来说可能就是缺点。因此，求职者要充分了解自己及职业，扬长避短。

（2）树立正确的就业观念

任何一个人的职业选择都受到社会需求、自身素质和其他因素的影响，并非人人都能将自己的职业期望变成现实。个人的择业目标能否实现，除了考虑个人素质、专业能力、社会需求等，主要取决于自己的就业观念是否正确。只有树立正确的就业观，确定合理的期望值，才有可能将择业目标变成现实。

① 防止图虚荣的思想

有的大学毕业生虚荣心作怪，不顾客观条件的限制，只想找到令人羡慕的“好单位”，对于“下面”更适合自己的工作视而不见，这种期望值过高的情况最后一般会出现两种局面：一是由于期望的职业超出自己的能力导致择业失败；二是侥幸成功但自身能力无法胜任工作，艰苦支撑。

② 防止图享受的思想

优越的待遇和条件往往对大学生最具有吸引力，但是有一部分大学生耽于眼前的享受，放弃了自己的抱负和追求，不考虑个人的发展乃至国家的发展，这种行为和思想是不可取的，也是不现实的。

③ 防止图安逸思想

许多大学毕业生在择业时不愿到生产建设第一线和艰苦的地区工作，一味选择安逸的职业环境，而相当大一部分人自身的能力无法满足安逸工作的需求，这注定会导致部分人择业失败。

（二）职业选择与个人发展的关系

1. 职业选择与个人发展

一个人的择业关系着其个人前途，个人只有通过职业才能担任一定的社会角色、积累财富，实现自己的人生理想。

（1）职业与个人生活

绝大部分人的收入来源是其职业收入，因此，个人职业决定了个人收入，从而决定了个人的生活水平，影响着人生追求和发展。

（2）职业与个人性格

个人的性格与其从事的职业有着密切关系，一方面，人的性格会直接影响着职业选择及就业中的工作完成情况，因此要认识自己的性格，选择适合的职业；另一方面，个人从事的职业会对其性格有所影响，如从事会计工作的人，对于数字方面比较敏感，从事电脑编程的人思维比较缜密。因此，人们要在漫长的职业生涯中不断塑造并完善自己的性格。

2. 性格分类

① 现实型。现实型性格的人往往不擅长社交，适合从事规则固定的、社交较少的工作，如熟练的手工业和技术工作。

② 研究型。研究型性格的人富有钻研精神，能够胜任抽象、推理的任务，独立性较强，适合从事科研方面的工作。

③ 艺术型。艺术型性格的人往往想象力丰富、创造力强，且喜欢自我表现，这种性格的人不太适合从事社交类型的工作，而更加适合从事艺术性较强的工作。

④ 社会型。社会型性格的人擅长社交活动，具有热情、亲切等特点，这类人通常不适合从事技术性工作，更适合从事导游、教师等工作。

⑤ 企业型。企业型性格的人具有外倾型性格，热爱冒险，通常具有劝说、支配等言语技能，这种类型的人往往缺乏科研能力，适合从事销售、零售、律师等行业。

⑥ 常规型。常规型性格的人通常友善、保守、自控能力强，但是没有某一方面突出的能力，这类人适合从事有条理的工作，如办公室文员、统计员、档案管理员等工作。

3. 职业选择与性格的关系

个人在选择职业时一定要重视所选职业与自己性格的匹配程度，只有两者相匹配，才能够最大限度地发挥自身的个性与天赋，调动自身能力，取得成功。如果性格特点与职业需求相反，极易造成不良后果，对于个体的发展和社会的发展都是不利的。例如，粗心大意的人从事财会工作或医疗工作，性格暴躁的人从事公关或服务工作。人只有在适合自己的岗位上才能获得成功。

从本质上出发，工作不仅是为了满足个人生存的需要，它还能够丰富人生，实现人生价值，帮助人寻找到生命的意义。任何性格都有其存在的意义，找到与自己性格相符合的职业才能够实现自己的追求。

（三）职业与个人价值

1. 职业类型

专家通过大量的调研，从人对职业的价值观出发，将为职业分为九大类。

（1）自由型

特点：从业者较为自由，独立性强，凭借自己的能力拥有自己专属的领域，相应职业类型：作家、漫画家、编剧、记者、设计师、摄影师等。

（2）经济型

从业者认为世界上的诸多关系都建立在金钱的基础上，相应职业类型：各种职业中都有这种类型的人，商人尤甚。

（3）支配型

从业者在一定层次上发挥领导作用，相应职业类型：商品批发员、饭店经理、酒店经理、律师、政治家、零售商等。

（4）小康型

从业者对于社会地位和名誉有着较为强烈的追求，追求无果时陷入自卑状态，相应职业类型：会计、银行出纳、法庭速记员、核算员等。

（5）自我实现型

从业者一心追求真理，施展自己的才华，发挥自身价值，不考虑收入和社会地位。相应职业类型：科学领域的各类研究者，如生物学家、药剂师、化学家、地质学家、物理学家等。

（6）志愿型

从业者富有同情心，能够对他人的痛苦感同身受，帮助他人能够使其感到快乐。相应职业类型：福利机构工作者、教师、护士、导游、社会学者等。

（7）技术型

从业者性格沉稳，做事严密，井井有条，能理性对待各种事情。相应职业类型：工程师、机械工、木匠、火车司机等。

（8）合作型

从业者的社交能力强，人际关系较好，重视人脉。相应职业类型：公关人员、推销人员、秘书等。

（9）享受型

从业者喜欢安逸的生活，不愿从事挑战性的工作。相应职业类型：无固定职业类型。

2. 树立正确职业价值观

（1）处理好职业价值观与金钱的关系

金钱是人在生活中的必需品，在确定职业价值观时首先要确定对待金钱的态度。大学毕业生在求职时通常将金钱条件作为重要考虑标准，这没有错，但是需要注意的是，对于刚毕业的大学生来说，其拥有的知识、能力、经验和阅历还不足以在踏入社会之初就获得大量金钱。因此，大学生的金钱期望值要理性，将自我成长作为毕业求职的首选价值理念。

（2）处理好职业价值观与个人兴趣和特长的关系

人们在择业时一般会考虑职业价值观、个人兴趣和个人特长三个重要因素。在确定价值观时，要使之与自己的兴趣和特长相适应，人难以在自己不感兴趣的领域取得成功；兴趣可以调动人的主观能动性，有利于获得原动力，激发潜能；而特长则有助于提高工作完成的效率和质量。

（3）处理好职业价值观中个人与社会的关系

人的社会属性决定了人不能脱离社会独立存在，个人的职业价值体现在为社会所作的贡献之中。在选择职业时，应该优先考虑社会贡献，再考虑个人因素，因为人的社会价值的提升必然有利于个人的发展。例如，一个富于科学创造力、不善言辞的学者，从事普通教师的工作与从事国家科研工作之间，选择后者的社会贡献更大，而且也更有利于个人发展。

三、职业测评

（一）职业测评的作用

1. 职业测评的基本作用

职业测评的目的是实现人适其职，职得其人；人尽其才，才尽其用。

它能服务于人力资源规划，为招聘、安置、考核、晋升提供依据，同时也是个人择业的参考。

（1）诊断功能。评估个体所表现出的优势和劣势，诊断个体的职业特质，如兴趣、价值观、职业规划等。

（2）预测功能。根据个体接受评测的表现，预测个体在教育训练、职业训练及未来工作中的发展。

（3）区别功能。将个体的某些特质区别开来，判断其特质与哪类职业群体相符。

（4）比较功能。依据测量学指标，将个体素质（潜能、兴趣、价值观等）与某些效标团体相比较，从而观察两者之间的匹配程度。

（5）探测功能。了解个体在职业生涯发展中的能力状况和一般状况，以便提供必要的职业辅导。

2. 职业测评在职业规划中的作用

个体在进行自己的职业规划时，可以通过职业评测了解自己的基本职业特质。

（1）性格

通过职业评测可以大致得知个体待人处世、处理事情的方式与风格，性格作为稳定的个性特征，是能够显著体现个体差异的特质，为职业决策提供了可靠依据。

（2）能力倾向

在职业规划中，能力是成功的必要条件，通过职业评测能够准确地了解到自己的优势和弱势，可以帮助人们扬长避短，发挥长处，弥补不足。

（3）价值观

个体工作是为了满足一定的需要，在职业选择中需要秉持自己的价值观对不同的条件作出判断和选择。通过职业测评能够清晰了解到自己的价值观，有利于作出利于自己发展的职业选择。

（二）职业测评的方法

职业测评的使用主体一是求职者，二是企业人力资源部门。对于企业来说，职业测评的目的是通过各种方法对被试者加以了解，为企业招聘和人员管理提供参考和依据。职业测评主要通过履历分析、纸笔考试、心理测验、面试、情景模拟几种方式进行。

1. 职业测评中的心理测验相关分类

（1）智力倾向测验。能够考察被测对象的智力水平及其智力结构。企业可以根据不同智力水平、智力结构为员工安排相应的工作岗位和工作任务。

（2）人格测验。用以测量求职个体与他人相区别的独特而稳定的思维方式和行为风格，这些特点可能影响该求职者的工作绩效和工作方式及习惯。

（3）职业兴趣测验。根据个体的兴趣选择与之相适应的工作，有利于激发个体的主观能动性。

（4）职业价值观及动机测验。可以了解到个体在职业发展中所推崇的价值观及驱动力，可以根据个体的驱动力设置相应的激励，以便提升其工作效率和工作质量。

2. 常用的职业测评的方法

（1）霍兰德 SDS 职业兴趣

该方法提出六种基本职业类型：实际型、研究型、艺术型、社会型、企业型和传统型。适合用于对高中生和大学一、二年级学生的职业测评。

（2）MBTI 职业性格

根据 MBTI 理论，个人在性格（E 内向型与 I 外向型）、信息收集（S 感觉型与 N 直觉型）、决策（T 思维型与 F 情感型）、生活方式（J 判断性与 P 知觉型）四个方面有不同的偏好，四个维度的十六种组合方式是区别个体心理特征的重要依据，该方法适用于大学毕业生和在职员工。

（3）职业锚定位

如果把职业比作航船，那么每个人的核心价值就是锚。职业锚就是最佳职业定位，是个人自觉主动选择的最有利于自身发展以及贡献最大的职业定位。职业锚的测评内容为：技术/职能、管理才干、创造力、独立自主、保障、生活质量等，该方法适用于在职员工。

（4）贝尔宾团队角色

贝尔宾团队角色理论中有九种类型的团队角色，它们分别是：智多星、协调者、推进者、监督员、外交家、凝聚者、实干家、完美主义者和专家。每种类型的角色都有其专长，但也伴随着一定的弱势，团队的成功依赖其中一两个“显著角色”从中协调，发挥团队整体的力量，该方法适用于在团队中工作的在职员工。

（三）常用的职业测评工具

在进行职业规划时，需要搜集大量有关自我素质、自我态度的信息，根据这些信息才能做出更加正确的、全面的职业决策。这些素质包括性格、兴趣、价值观、能力等。

1. 职业价值观测试工具

最为常用的是埃德加·施恩的职业锚测试、WVI 工作价值观问卷和罗克基价值观调查表。

2. 职业个性/性格测试工具

MBTI 性格类型量表、卡特尔 16PF 人格特征量表、大五人格模型和基本人际关系行为倾向测试。

3. 职业兴趣测试工具

测试工具包括霍兰德职业兴趣量表和斯特朗兴趣清单。

4. 职业能力测试工具

（1）一般能力倾向测验。主要是对一般能力以外的潜能测试，如数字

能力测试、机械能力测试、心理运动能力测试等。

（2）差别能力倾向测验。该测试工具由八个分测验构成：文字推理（VR）、数字推理（NR）、抽象推理（AR）、知觉速度与准确性（PSA）、机械推理（MR）、空间关系（SR）、拼写（SP）和语言应用（LU）。

总的来说，职业测试工具对于合理规划职业生涯有很大的帮助，但是心理测试和评价方法依然有着较大的局限性，准确性需要自己考量，不能将测验结果作为自己职业规划发展方向的结论性答案，要自己多去了解相关知识，依靠自己的判断作出最后的决策。

第二节 就业准备

一、就业信息准备

就业信息就是指与就业有关的信息，如就业政策、人事制度、岗位需求情况、行业发展现状与前景等。这是大学生求职的必要准备，有了基础的信息了解，就能够避免盲目选择职业，节省更多的时间和精力。详细掌握就业信息可以了解企业对人才的要求，从而调整自身的面试策略和技巧，提升就业成功率。

（一）获取就业信息的方法

就业信息的获取主要有五种方法，即“地域优先”选择法、“行业优先”选择法、“兴趣优先”选择法、“能力优先”选择法和“综合”选择法。

1.“地域优先”选择法

即在选择就业时，优先考虑地域条件，这主要是受大学生家庭背景、地域文化等因素的影响。按照这一方法在择业时，具体需要从三个方面考虑：第一，可以从整体上将就业范围划分为不同的区域，如“沿海”“内地”“东部”“北方”“南方”等；第二，在整体区域划分的基础上可以进一步细致划分，如东北、西北、华北、华中、华南、中南、西南等；第三，可以在具体的区域中定位到具体的城市，如北京、上海、深圳等城市。

2.“行业优先”选择法

即以自己特定的行业为就职方向，这是大学生择业时所常用的一种方法，即选择与自身专业对口的职业，但是我国目前许多企业都是跨行业经营和发展，所以大学生在获取就业信息后一定要仔细甄别，不要错失机遇，也不要被企业集团宣传的信息所误导。通常来说，行业面限定越精准，所能选择的单位和职位数量就越少，求职难度就更大。

3.“兴趣优先”选择法

即大学生在择业时以自身的兴趣爱好为选择方向。大学生在入学选择专业时，不排除有些是由于家庭原因，或是高考分数限定而决定的，所以部分大学生在毕业择业时会根据自己的兴趣等主观意志来选择工作。在采用这一方法择业时，一定要客观评价自己的“兴趣”，否则将会使个人未来的职业发展受到影响。

4.“能力优先”选择法

这种选择法是以大学生个人能力为主体，在就业信息中选择自己最能够胜任的工作岗位。这种选择法的应聘成功率较高，但是由于很多企业在选择人才时会注重人才的综合能力，所以不仅仅是关注应聘者的政治面貌、知识水平、学习成绩等。所以大学生在加强自身的专业实力的同时，还需要提升其他方面的能力，使自己具备更全面的素质。

5. 综合选择法

本选择法是将多个择业限制要素进行排序，将最重要的限制要素排在第一位，然后逐级筛选。如排在第一位的限制要素是地域，则按“地域优先”选择法选择就业信息，排在第二位的是行业，则在上一步筛选出的就业信息中按照“行业优先”再作出选择，以此类推，最终选出的即为自己想要的就业信息。

（二）获取就业信息的渠道

1. 学校毕业生就业指导部门

学校的就业指导部门会针对即将毕业的大学生提供多项服务，如就业政策咨询，就业指导，收集、整理和发布用人单位的招聘信息，将毕业生的情况向用人单位发布或推荐等。学校与企业长期合作过程中，建立良好的合作关系，可以为毕业生提供真实可靠的就业信息。

2. 从事就业指导服务工作的老师

负责就业指导的老师，不仅对本校学生的专业情况和就业方向有基本的了解，对用人单位的经营状况、用人理念、薪酬福利、工作环境、人才需求等情况也有大致了解。所以负责就业指导服务工作的老师所提供的就业信息更具有针对性，可以满足绝大部分毕业生的需求。而如果对于就业指导老师提供的毕业者信息，用人单位难以作出准确的抉择，那么老师的推荐就显得非常重要，这会大大提升毕业生的被聘用的概率。所以，毕业生也可以通过老师的推荐来实现就业。

3. 供需见面洽谈会及人力资源市场

高校每一年的毕业季都会在校内举办相关的供需见面洽谈会以及招聘会，届时会汇集各种招聘信息，不仅覆盖面广，也具有较强的时效性。

4. 互联网

互联网已经成为人们生活、学习、工作不可缺少的存在，毕业生通过互联网来搜索就业信息，不仅便捷有效，还能节省大量的时间和精力，此外还能够在网络中迅速查阅所投递单位的动态信息，了解该单位的历史和发展前景。学生也可以将自己的简历投递在专门的求职平台上，吸引到用人单位的关注。

5. 家长亲友

对于还未正式踏入社会的大学生来说，家庭成员就是他们主要的社会关系。家庭成员在社会中的不同行业和不同岗位工作，这就有多种社会关系，学生可以在家庭成员的帮助下获得一些用人单位的招聘信息。家庭成员所提供的信息也较为安全可靠，这也是一个获取就业信息的重要渠道。

6. 校友

校友曾经是在同一所学校生活学习，所以都有共同熟悉的老师、专业，校友也可以从自身的社会关系中为毕业生提供更多具体的、准确的、有用的就业信息，为毕业生给予一定的帮助。

7. 新闻媒体

在广播、电视、报纸、杂志等媒介中，会时常出现相关的就业信息，如行业政策、行业现状、职业前景、人才需求等内容。这些信息对毕业生来说都是有价值的，学生从中不仅可以直接获取招聘信息，还可以从侧面了解到某行业的未来发展状况，以及国家对某行业的扶持政策。

8. 社会实践（或专业实践）

大学生在参与专业实践或社会实践活动时，会与企业有直接接触，在活动过程中，自己可以多方面了解用人单位，同时也可以积极发挥自身的才能，加深用人单位对学生本人的了解，通过自己的努力获得用人单位的信任，实现就业。所以，大学生在参与社会实践活动的过程中，除了要了解社会、了解行业信息、锻炼社会适应能力，还要做一个善于获取就业信息的有心人。

（三）就业信息的整理原则

就业信息复杂多样，未必每一条信息对自己都是有用的，所以要做到对就业信息的有效应用，首先就要对获取到的信息整理、分析、判断，筛选出最适合自己、最有效的信息。

1. 理想与现实相结合的原则

大学生在形成创业意识时，初期会对创业项目作出许多美好的展望，并努力朝着自己预期的方向前进。但是，真正在社会中实施时，许多事情

不一定会如愿以偿，这就导致现实与理想发生冲突，创业者甚至开始质疑自己的选择。所以，在最初收集和整理就业信息时，就需要让自己从中了解到现实与理想的差距，认知并接受这一现实状况，做好在创业过程中面临各种挑战的准备。

2. 公与私兼顾的原则

大学生在整理就业信息的同时，要正确处理好国家与个人、公与私的关系，要在报效祖国的过程中实现个人的人生价值和自我追求，只有这样，经过整理且最终成为就业指导的信息才是有价值的。

3. 学以致用、发挥专长的原则

每个学生所学专业都不相同，所以在获取和整理就业信息时，一定要积极发挥自身的专长，秉着学以致用的原则，对所有就业信息平等看待，不能因为某一行业在目前状况中处于“冷门”，就忽略了它的相关信息。要用长远的眼光去整理就业信息，很多具有潜力的行业正是当初不被人看好的“冷门”行业。

4. 立足自身实际、决不盲从的原则

在整理就业信息过程中，要结合自身的实际情况，选择适合自己的行业，任何就业信息都没有绝对的优势之分，切不可随大众盲目选择。

5. 去伪存真的原则

在复杂的就业信息中，也充斥着部分虚假不实的内容，所以大学生要学会辨别信息的可靠性和真实性。比如，多方论证、实地考察等，一定要确保信息的安全、真实、可靠。

6. 综合分析、善于开拓的原则

（四）就业信息的具体整理

1. 信息鉴别

首先鉴别信息内容是否齐全，在这一基础上再鉴别信息的来源是否安全、真实、有效，将虚假、有安全隐患的就业信息进行筛除，避免给未来的求职带来负面影响。

2. 信息分类

在对就业信息作出初步筛选和甄别之后，再根据专业类别、信息时效性、就职地域等进行分类。专业类别就是根据专业的性质、学历程度、毕业生的专业要求等进行分类；信息时效分类就是将过时的信息删除，将有用的就业信息按照时间的先后顺序排列整理；地域分类就是根据就业所在地区进行分类。

3. 信息排序

信息排序就是根据自身的性格、兴趣、爱好、特长、专业等，分别与就业信息进行匹配，寻找更适合自己职业规划的就业单位，然后按照自己的标准去选择。

4. 信息反馈

在获取就业信息后，一定要快速地对信息分析、整理，然后及时向信息发布方反馈，选择有价值的信息，同时也要及时根据就业信息的要求调整自己，提高就业率。

（五）就业信息的利用及就业“陷阱”的形式

要做到对就业信息有效利用，需要做到以下两点。

1. 深度研究

深度研究就是指根据自身的能力特长，对有意向的用人单位的信息进行深层次分析和研究，为应聘进行充分准备的过程。如详细了解公司的历史、经营范围、产品构成、生产规模、分支机构等。

2. 及时运用

在筛选出合适的就业信息后，要积极主动地与用人单位的人事部门取得联系，询问面试的具体时间、地点，以及面试所需要携带的资料等，为面试作好充足的准备。

学生择业时还要避免踏入一些就业“陷阱”，一般来说，就业“陷阱”

一般有以下几种，毕业生在筛选就业信息时一定要注意甄别。

（1）以招聘的名义来盗取应聘者的个人信息，如身份证号码或复印件、应聘者的银行卡号、个人照片、住址等。

（2）以招聘为名骗取钱财，如以招聘为由让应聘者缴纳报名费、抵押金、培训费、服装费等。

（3）以招聘为名获得免费的劳动力和成果，如通过高职、高薪的工作来诱骗毕业生来工作，其实所谓的一些高职工作就相当于打杂工。

（4）以试用期为名榨取劳动力，如利用试用期与签约时间的时间差来榨取廉价劳动力。

（5）以“霸王条款”克扣毕业生利益，如用人单位通过苛刻的条件来剥夺毕业生的相关利益。

（6）以“培训”为名骗取培训费，如通过高薪就业、保证就业等类似的宣传让毕业生接收岗前培训，在缴纳培训费后还不能顺利工作，或者所安排的工作根本不如所宣传的那样，逼迫毕业生自主违约。

二、就业心理准备

在竞争激烈的当今社会中，拥有良好的心态是将潜能发挥出来的先决条件之一。我国当前就业形势严峻，许多大学生在思想、情绪、心理等方面会有一定负担，所以除了要科学规划自己的职业生涯，还要积极调整就业心态，缓解就业压力，确保顺利就业。

（一）锻造良好的就业心理素质

心理学专家认为，在择业过程中，心理的变化是十分复杂的，这与毕业生的性格、思想等都有着密切关系。个人心理素质的良好不仅影响择业，还会影响就业之后的态度和行为。总的来说，毕业生在择业过程中，需要具备四个方面的心理素质。

1. 正确认识自己，确立合理目标

正确的自我认识首先就是要客观地对自己作出评价，同时全面地了解社会对行业和人才的需求，建立符合实情的就业观念，综合评估自身实力，认识自身的特点与不足。其次就是要明确自己的职业理想，将理想与职业结合起来择业。只有充分了解自身特点，才能选择适合自己的职业，才能在职业发展中越来越好。

很多大学生一直到即将毕业，仍然还没有明确的就业目标和职业规划，其中很大一部分原因是自信心丧失而导致的，如对自我评价过低，缺乏进取意识，觉得自己不能胜任某些工作。在针对某大学的抽样调查中，有 55%的大学生表示不清楚自己适合什么工作；30%的大学生认为将来会无法适应社会变化；33%的大学生觉得自己未来会没有前途。在被问到不好找工作的具体原因时，有 70%的大学生认为是自身能力不行，或是竞争太大，自己没有优势。可见，阻止大学生择业的很大一部分原因就是自信心的丧失。

自信心是取得成功的重要基石，也是进入职场所应当具备的素质之一。若丧失了自信心，其态度和行为就会受到直接影响。不能否认，许多毕业生之所以在求职时没有取得成功，很大一部分原因就是由于自己不敢去争取或是没有坚持去争取。理查德·A·克拉克曾说过："自信的人力量最强大，怀疑的人力量最薄弱，强烈的信念远胜于盛大的行动。"所以，大学生必须树立自己的自信心，相信自己的能力，并对目标的完成拥有锲而不舍的精神。

大学生在培养自信时，可以从三个方面入手：第一，相信自己的力量；第二，发现自身的优势；第三，善于抓住每一个机遇，不放弃任何一个成功的可能。

2. 要有诚信意识

这里的诚信意识就是指，毕业生在应聘时，不伪造学历或荣誉证书、不虚报自己没有担任过的职务、不谎称自己没有参与过的实践活动等。

在求职过程中，保持良好的诚信意识和态度可以让用人单位对学生更具有好感和信任。反之，弄虚作假、无信用会让用人单位反感，即便是侥幸蒙混过关，也会为日后的工作埋下隐患。

3. 增强应变性

应变性就是指，大学生能够在复杂多变的社会环境中，对所面临的困境和问题灵活应对，及时调整自己的就业期望，使自己与就业市场保持最大的适配性。这是一种良好的态度转换，择业过程本身就含有多方面的不确定因素，是一个不断变化的过程，改变以往“一次到位”的就业态度，提高自身的应变性，才能不断提高自身的社会生存能力，增加实际经验，凭借自身努力来获得合适的工作，实现自我价值。

4. 培养竞争意识

在当今社会，各行各业都充满了竞争。在人才素质不断提升的今天，大学生面临着优胜劣汰、适者生存的自然法则的筛选，所以大学生不能再以被动的状态去等待机遇，而是要不断增强竞争意识、敢于竞争、善于竞争，抓住一切机遇。

首先，要体现当代青年人敢说敢干的特性，树立“爱拼才会赢”的观念；其次，要善于竞争，即发挥自身的优势，扬长避短；最后，要具有敢于面对挫折的心态，正确面对失败和困难，做到越挫越勇，再接再厉。

（二）常见就业心理问题分析

1. 择业心理误区

（1）自负心理

与自卑心理相对，自负心理就是指对自己评价过高。大学生自负的现象并不少见，许多大学生自视过高，在择业过程中认为自己师出名校，成绩优异，看不上一些基层的职位和工作，认为自己应该有更好的发展平台和空间，眼高手低。或是在择业时一心只追求高薪、高职的工作，而不对就业单位的需求进行细致了解，即便是顺利入职了，也可能由于定位不准确而无法在工作中发挥作用。

（2）自卑心理

自卑心理就是对自己的轻视，认为自己技不如人，无法赶超别人，什么事情都做不好，是自尊心和自信心缺乏的一种表现。这种自卑情绪不仅会让毕业生产生精神不振、消极、沮丧、失望、脆弱等心理，更会让他们错失很多发展机会，同时，这种心理也不利于他们在工作中的发展和进步。

（3）急功近利心理

有些毕业生过于渴望成功，刚离开校园就希望能大展宏图，甚至不惜抛弃自身专业进入一个新的行业，致使自身要遭遇很长一段挫折，最后还不能完全磨合。还有部分毕业生由于急功近利，甚至还会在面试或工作过程中走捷径，给自己造成极为不利的影响。

（4）依赖心理

虽然当代教育一直在改革，但是仍然有一部分大学生的择业思想停留在传统观念上，还在依赖学校的“统包、统分”，不主动适应市场经济的要求，被动地等待用人单位的选择。还有部分学生的依赖心理表现在对父母的依赖，希望父母能够帮助解决就业问题，一旦不能如愿以偿，还会埋怨父母，这是非常不好的行为。

（5）焦虑心理

大学生未经社会的磨炼，在刚开始面对就业问题时会产生一定的焦虑心理，过于焦虑会使大学生患得患失、自我怀疑，在择业过程中出现失误，从而可能与自己中意的工作和岗位错失。

（6）抑郁心理

大学生抑郁心理主要源自求职过程中的挫败，在面对现实与理想的差距，或是在面试和就业途中一再受挫，很多大学生一蹶不振，不能正确认识和调整自己的心态，因而产生了抑郁心理。

2. 大学生就业心理矛盾

大学生就业心理矛盾主要表现在以下几个方面。

（1）理想与现实的矛盾

大学生涉世未深，在即将进入社会之时，会对自己的人生有美好的愿景。他们斗志昂扬，渴望展翅高飞，对自我价值实现的愿望迫切而强烈。但是在真正进入社会后会发现理想与现实之间有着不小的鸿沟，对职场的规则也还尚未完全掌握，所以导致他们在面对问题时不知道该怎么处理。

（2）人生价值与艰苦创业精神缺失之间的矛盾

很多大学生选择就业的初衷是好的，希望从自身所学专业出发，选择合适的工作发挥自身能力创造价值。但是他们可能不愿接受基层岗位，不愿到边远地区，或是环境艰苦的地方去工作，这是他们实现人生价值与缺乏艰苦创业精神之间的矛盾。

（3）渴望竞争与害怕竞争的矛盾

大学生初出茅庐，渴望一显身手展示自己的能力和才华，希望遇到具有挑战的工作任务，但同时他们又害怕竞争，不敢面对自己的失败，从而产生了他们渴望竞争又害怕竞争的矛盾。

（4）择业目标定位的矛盾

择业目标定位的矛盾主要是大学生对自身认知不准确导致的，由于不能客观认识自己的个性特征、知识结构、能力水平等，所以在择业过程中会学生全面撒网、多头开花，对就业目标和就业形势不能正确分析和判断，会出现高不成、低不就的局面。

3. 大学生就业心理误区和心理矛盾的原因分析

（1）社会因素

社会因素主要体现在三个方面：第一，高校扩招，虽然受教育人群数量有了明显上升，但同时也出现了就业难的问题；第二，社会变迁，社会发展过程中多种体制的改革，使得人们价值观取向也在不断发生转变；第三，就业机制的不断完善，虽然市场经济提倡“优胜劣汰”“公平竞争”，但是许多用人单位仍然存在用人不公的情况。

（2）学校因素

学校对毕业生的影响主要体现在两个方面：第一是高校改革相对滞后。即高校教育模式、内容、策略等，还无法与社会需求同步，导致很多学生虽然在校内表现良好，但是一旦进入社会就经不起考验；第二是学校就业指导工作相对滞后，许多大学生在择业过程中茫然不知所措时，没有对其进行针对性指导，因而导致大学生的心理产生变化。

（3）家庭因素

在我国，学生要接受更好的教育，经济成本相对较高，这对于普通家庭来说是有一定负担的。虽然国家对此有多种补贴措施，如助学金、生活补贴、奖学金、助学贷款等，但是仍然难以缓解不少家庭的经济压力。再加之大学生虚荣心的滋长，也极易导致其心理失衡。

（4）个人因素

个人因素对大学生就业产生的影响主要体现在四个方面：第一，毕业生本身就处于人生的自我矛盾期，他们在自我认识时心中充满了各种矛盾；第二，受传统择业观的影响，在确立就业目标时，过于看重职业的稳定性和待遇，对基层职位和相对艰苦地方的工作都不予考虑；第三，自我定位不准，大学生没有客观、全面地认识自己，要么自视过高，要么不自信，这使得他们难以找到适合自己的工作，随波逐流；第四，个人能力和素质不高，如知识面不全面，或是重视文化知识，忽略了人际交往、团队协作等。

（三）就业心态调试

1. 树立正确的就业观

（1）改变传统的就业观念

在传统的就业观念中，基本是按照“铁饭碗”的目标去择业的，在选

定好行业之后也很少流动，一次就业定终身的思想根深蒂固。在这一传统就业观的影响下，很多大学生在择业时非常谨慎，会本着稳定性择业，这会使毕业生与很多机遇失之交臂。对此，毕业生应当树立“先就业、后择业、再创业”的择业观，学会在不断变化的环境中谋求生存与发展。

（2）从单一就业到多渠道就业

大学生要多角度、多途径地全方面择业，无论是流动就业、弹性就业、临时就业，只要是对自身发展有益，能够展示自我能力、可以实现自我价值的工作，都可以去尝试，不要将就业目标局限在某一个行业或是某一个职位上。

（3）淡化专业对口观念

专业知识可以作为自身的知识结构的主干，在择业过程中，能够遇到与自身专业对口，又是自己所憧憬的工作固然是好，但是即便没有与自身专业对口的工作也可以灵活调整，利用自身边缘学科的优势来适应市场需求，在就业信息中寻求契合点，大胆尝试。所以，大学生在校期间可以广泛拓展自身的综合素质，加强自己的社会适应能力。

2. 增强心理健康意识，提高自我调适自觉性

自我心理调适可以根据自身特点，结合以下几种方法来尝试。

（1）理性情绪法

这种方法是源自美国著名心理学家艾里斯创立的“理性——情绪疗法”。在他看来，应激源并不一定会直接引发情绪困扰，通常是由经历者对事件的非理性认识和评价引发的。所以，要消除不良情绪，首先就要纠正非理性观念，在其顺利转化为理性观念后，不良情绪能够得到极大缓解。大学生在运用这一方法时，要先分析出消极情绪有哪些，找出非理性观念，并对其进行质疑，让自己朝着理性观念转化，以此排除不良情绪。

（2）适度宣泄法

对于不良情绪的宣泄方法有很多，如倾诉、哭泣、运动、唱歌等，一

定要让自己适度排解，但是宣泄要适度、节制，注意方式。

（3）自我慰藉法

自我慰藉就是自我疏导，毕业生在择业过程中遇到困难时，要说服自己不必太苛责，凡事都从基础做起，要选择适合自己的行业，要能够坦然面对困难并灵活应对。

（4）情绪转移法

即将自己的注意力转移到其他事情上，使自己没有时间、精力沉浸在不良的情绪中。

（5）松弛练习法

即通过身体的放松练习来达到心理上的松弛，具体可以通过肌肉的舒缓，或是音乐来完成训练，以此消除心理焦虑。

3. 加强就业指导

（1）学校加强政策引导

学校应加强对学生就业的政策引导，深入宣传就业制度改革的方向和内容，介绍当前就业形势，为大学生提供就业信息，帮助大学生尽快就业。

（2）加强心理训练

引导毕业生客观、正确地认知自我、了解自我、评价自我，有针对性地排除择业心理问题，有目的性地进行心理训练，帮助毕业生树立正确的择业观，缓解择业过程中的焦虑和压力。

（3）及时调整教学结构

教学结构要紧跟社会发展，根据社会对人才的需求和各行业的客观要求，调整学校的专业结构、学科结构，实现学校和社会的无缝对接。

（4）帮助毕业生搞好职业生涯设计

先利用理论手段对学生的心理能力、爱好、性格等进行综合评测，在测评基础上作出初步的职业规划，让学生客观、理性地认知自我，为进入社会作好准备，避免盲目择业。

（5）要做好毕业生就业技巧指导工作

就业技巧的指导就是帮助学生作好求职前的准备工作，明确具体的应聘流程，掌握基本的谈话技巧，慎重签订劳动合同，避免在面试过程中出现一些细节性的失误。

三、就业材料准备

毕业生在求职过程中所需准备的材料一般包括个人简历、推荐信、求职信以及其他证明材料等，其中最主要、最直观的即为个人简历。

（一）个人简历

1. 个人简历写作原则

第一，针对性，即求职目标明确；第二，战略性，让对方能够一眼发现自己的优势和潜力；第三，广告性，在简历中充分展现自己的能力；第四，趋利性，即凸显对自己有利的信息，不要提及负面或不相干的信息；第五，真实性，这是最重要的，可以对相关信息进行优化，但是不能掺假。

2. 个人简历写作内容

（1）基本信息内容：即求职者的姓名、性别、出生日期、民族、政治背景、婚姻状况、联络方式、居住地址、教育背景、学历、性格特点、兴趣爱好等。

（2）求职目标：即自己所希望的职务、工作岗位、薪资状况、发展前景等。

（3）任职资格：大学生的工作经历有限，仅有的经历也基本为实习经验，但也可以以此为突破点，强调自己所具备的能力，即便未从事过求职岗位，也可以强调自身的专业或特长与该岗位的关联性和共同点。但是在编写过程中要注意简明扼要，宜粗线条概括，也不要过于冗长。

（4）学历：按照时间顺序列出自己的教育经历、地点、学校等信息，以及在校外参与过的各种专业知识和技能培训。

（5）其他：即个人的特长爱好、获奖经历等。

（6）社团活动：注明自己参与过的各类学会、协会、研究会等社会组织，有利于用人单位从侧面加深对求职者的了解。

（二）其他就业材料准备

1. 学校推荐信或推荐表

由院系填写的推荐意见，是学校对学生的全面评价，用人单位一般会较为看重。

2. 学习成绩单

成绩单是对毕业生大学期间成绩最直观的证明，而且还需要各院系教学部门填写、盖章。

3. 各类证书

如外语等级证书、计算机等级证书、各类荣誉证书、获奖证书、获奖学金、竞赛证书等。

4. 其他材料

如参加社会实践活动、毕业实习的鉴定材料；有关研究成果证明以及在某报刊发表的文章；推荐信、引荐信等。

（三）就业材料的制作

1. 简历制作要点

（1）站在用人单位的立场考虑问题

用人单位人事部门面试人数多，在阅览个人简历时，不会花费太多时间停留在一些无用的信息上。所以在制作简历时，要做到简明扼要，突出重点，不赘述无关信息，不虚构、不夸大内容，在简历中表现出真实的自我。

（2）措辞达意，合体适用

行文不滥用第一人称，也不要使用第三人称。第一人称过多的使用会

给人一种自命不凡或自夸之感，而用第三人称在简历中表述，则会显得生硬、做作，让人反感。

（3）使用短语表达意思

行文要精简，不使用太长的句子，尽量使用短语，方便用人单位快速阅读到有用的信息。

2. 编写简历的主要格式

简历编写的格式主要有两种：一种是学历在前，即重点突出学历；另一种是工作经历在前，就重点突出自身的工作经历。毕业生可以结合自身优势来选择简历填写格式。

四、就业应试准备

（一）笔试准备

1. 常见的笔试种类

（1）专业能力考试：是为了检测毕业生实际的工作能力和专业技术能力，一般还会进行相应的专业技术能力考试。

（2）心理测试：检验应聘者是否具有良好的心理素质。

（3）逻辑推理考试：是考察应聘者对信息的分析、理解、综合、判断、推理等日常思维能力。

（4）价值观测试：体现了用人单位对应聘者信仰、“三观”的重视，考察个人价值观与企业价值观的融合情况。

2. 笔试技巧

（1）复习知识。将自己的专业知识反复巩固，以便在笔试过程中能够顺利发挥。

（2）增强信心。要相信自己的能力，克服自卑心理，增强信心，笔试前一天保证充足的睡眠，适当进行一些文体活动，使身心得到放松。

（3）临场准备。如果条件允许的话，可以提前熟悉考场，避免在笔试过程中对陌生环境产生紧张感。

（4）科学答卷。在拿到试卷后先通览一遍，了解题目的难易程度，便于自己把控答题的速度。在答题过程中，先答简单的题，再答难题。

（5）全面检查。答完题之后要通篇检查是否有错别字、跑题、语法不通、词不达意、卷面不整等情况。

（二）面试准备

1. 面试的种类

（1）模式化面试

由主考官根据预先准备的问题对应聘者逐一发问，其目的是全面、真实地了解应聘者的信息，并观察应聘者的谈吐、行为等。

（2）问题式面试

由主考官对应聘者提出一个问题，让应聘者进行解答或给出良好的解决方案，其目的是考察应聘者解决问题的能力。

（3）非引导性面试

也称之为无目的面试，即主考官与面试者畅谈，在看似闲聊的过程中，实则在观察应试者的能力、谈吐等。

（4）压力式面试

即主考官有意识地对应试者施加压力，针对某一问题提出一连串问题。其目的是考察应试者在面对突如其来的压力时，是否能够淡定从容地对答，并考验其机智程度和随机应变的能力。

（5）综合式面试

即综合多种面试方法，考察应试者的各项综合能力。

2. 面试模式

（1）个人模式：即一对一的面试，通常适用于小单位或基层员工的招聘，有时在人员的粗选时也会采用这一模式。

（2）小组面试：当一个职位面试的人数过多时，为了节省时间，会让

多名应试者组成小组，由多个考官轮流提问。

（3）集体面试：将应试者分为多个小组，主考官在提出一个具有争论性的问题后从旁观察不同应试者的回辩，主要是考察应试者的沟通能力、应变力等。这一模式常被大型企业或合资企业采用。

3. 面试准备

（1）注意锻炼自己的语言表达能力，让自己在面试过程中能够谈吐自如、幽默风趣，毕业生可以在平时多参加集体活动，在课堂中大胆发言，多锻炼自己的语言表达能力。

（2）充分了解应聘单位的性质、业务范围、发展情况等，同时也要详细了解应聘职位具体要求的知识技能，便于自己在面试过程中有针对性地展示自己的能力。

（3）要预想到主考官会提出各种问题，并作好流利作答的准备，避免在面试过程中手足无措，词不达意。

（4）注重自己的仪表，着装要朴素大方，简练精干。

（5）调整自己的心态，以轻松、平和的心态从容地参加面试。

（6）进行模拟面试训练，学生相互进行角色模拟，充分锻炼自己，积累经验，让自己适应面试的环境。

4. 面试技巧

（1）面试官在陈述问题时要认真聆听，保持专注，回答问题时要发音准确。在回答问题过程中要注意观察面试官的反应，并根据面试官不同的表情、态度来调整自己的作答。

（2）应试者在回答问题时要抓住重点，条理清楚，不要含糊其词，或是答非所问。作答时既要有个人见解，又要符合逻辑，在遇到自己无法作答的问题时，坦率承认自身的不足之处，切勿闪烁其词、默不作声。

（3）面试结束后要礼貌性告辞。

5. 面试问题汇总

（1）个人内涵方面的问题

① 你家庭情况如何？

② 你恋爱了吗？

③ 你的特长和爱好是什么？

④ 分别说一下你怎么看待自己的优点和缺点？

（2）关于单位情况

① 你了解我们单位吗？

② 你在本单位上岗之前，愿意先去基层锻炼两年吗？

③ 本单位吸引你的地方是什么？

（3）关于工作能力

① 你的适应能力如何？

② 你在大学期间曾经担任过哪些职务？

③ 你对自己的未来有哪些规划？

（4）关于工作态度

① 你会怎样去面对在工作中遇到的问题和困难？

② 如果在公司因为一件事受到批评怎么办？

（5）性格、工作期望、理想方面问题

① 你通常会和哪一类人相处比较融洽？为什么？

② 你认为什么人最难相处？你会如何去面对他们？

③ 你认为在哪种工作环境中最能发挥自己的才能？

④ 你的人生目标是什么？

⑤ 你五年后对自己的人生有何打算？

⑥ 你对事业的长远打算是什么？

（6）学校生活和学习计划方面问题

① 你在校期间最喜欢的一门课和最不喜欢的一门课分别是什么？

② 你认为考试成绩是否能够反映出自己的真实水平？

③ 你在校期间最难忘的经历是什么？

④ 你是否参与过课外实践活动？从中获得了什么感受？

⑤ 你有没有计划过考研？

（7）申请职位与部门方面问题

① 你为什么会申请这个职位？

② 你对本公司有多少了解？

③ 你如果被公司录用了，会如何开展工作？

④ 说一说你能胜任这份工作的理由？

⑤ 你在求职时还同时投递了哪些公司？若被多家公司录用，你会如何选择？

（8）工作经验方面问题

① 你有什么工作经验和社会经验？

② 简单描述一下你参加某一次活动的情况以及你的具体职责。

③ 在参与实践活动的过程中，你遇到的最大困难是什么？是如何解决的？

④ 你认为这些实践活动经验对你的工作有哪些帮助？

（9）工作技能和语言能力方面问题

① 你有没有参加过一些专业考试？成绩如何？

② 你的计算机水平如何？会哪些软件？

③ 你的英语水平如何？能够用英语进行自我介绍吗？

④ 你还会其他语言吗？

⑤ 你有没有参加过与这个职位相关的培训活动？

（10）时事方面问题

① 你最近关注了哪些新闻？有什么看法？

② 你认为政府最近的哪些措施对本行业的发展有重大影响？

③ 你最近阅读的一本书是什么？

④ 你会关注哪些方面的新闻？

（11）假设性问题

① 如果你的客户不满意你的服务，并要投诉你，你会如何处理？

② 在进入一个新的团队时，你会如何与同事相处？

第三章

职场礼仪与职业发展

第一节　职场礼仪

职场礼仪是指主要适用于职业场所的礼仪规范。对于职场人士而言，掌握职场礼仪规范有助于提升自身在职场中的形象，与他人保持良好的关系，从而更好地开展相关的工作。因此，为了更好地推动大学生就业，高校必须要加强相关职场礼仪的教学，让大学生的一系列行为更加符合职场礼仪规范。

一、关于礼仪

（一）礼仪的含义

礼仪并不是凭空产生的，它来源于人与人之间的交往，是人们约定俗成、共同遵守的行为规范。从“礼仪”的字面意思来看，“礼仪”中的“礼”具有尊重、尊敬的含义，“仪”则代表着具体的尊重性语言和行为。

我国的礼仪文化有悠久的历史，时至今日，已经发展出了多种不同类型的礼仪文化。例如，社交礼仪、饭桌礼仪、面试礼仪、送花礼仪等。在人际交往过程中，人们的言谈举止能够体现出彼此对于礼仪的重视程度，也能够反映出彼此之间是否相互尊重。

（二）礼仪的表现形式

1. 礼貌

礼貌是指人们在长期交往过程中所形成的友好性、尊重性的行为规范。在现实生活过程中，人们主要通过礼貌用语和礼貌行为来展现自己对于他人的友好态度和对他人的尊重。例如，早上遇到熟人时，我们通常会说“早上好”；客人来访时，我们通常会以笑脸相迎表示欢迎客人的到来；在不小心碰到他人时，我们通常会说“对不起”以表示自身的歉意。合理地运用礼貌用语和礼貌行为，能够快速地拉近人与人之间的距离，建立良好的人际关系。

2. 礼节

礼节是对他人表示友好和尊重的具体形式，主要包括语言形式的礼节和动作形式的礼节。例如，在他人取得某些方面的成绩时，送上真诚的祝贺；在他人遭遇不幸时，给予温暖的安慰。

3. 仪式

仪式是指隆重举行的活动。一般在特殊的节日、重要的场合等都会举办相应的仪式。例如，在大型工程开工前，通常会举办奠基仪式；在重要人物到来之前，通常会举办欢迎仪式。

（三）礼仪的基本原则

1. 真诚尊重的原则

在人际交往过程中，光靠单方面的付出是无法获得一个真心朋友的，只有彼此真诚对待、相互尊重，才能建立良好的人际关系。因此，真诚尊重的原则是人们在交往过程中必须要遵守的原则，学会真诚对待他人、尊重他人，这样才能更好地与他人友好相处。

真诚尊重主要表现为两个方面：其一，对他人保持诚实，不欺骗他人，保证所说的话、所做的事都是真实的；其二，对他人保持信任，不随意猜忌他人，保证能够尊重他人所说的话、所做的事。如果对他人撒谎、不信

任他人，那么两人不仅无法成为真正的朋友，还会互相伤害，最终导致两人关系破裂。

但是，真诚和尊重也是分场合的，如果不顾实际情况，一味表现自己的真诚，也会导致关系破裂。例如，在与他人讨论个性特点时，将他人的缺点和盘托出，这往往会引起他人的不适；在与他人讨论物品时，不顾他人的感受，直接表现自己对于某一物品的厌恶感，这也会引起他人的不适。因此，在向他人表露真心时也要注意场合，要观察他人是否能够接受。同时，真诚和尊重并不代表着要将自身的感受全部表达出来，而是要留有余地，表现对他人的尊重。例如，在讨论他人的物品时，可以重点描述该物品的优点，概括性地描述其缺点。因此，在人际交往的过程中，要根据不同场所来表现自己的真诚和尊重，给人留有余地，这样才能更好地获得他人的尊重，建立良好的人际关系。

2. 平等适度的原则

一般来说，单方面的礼仪并不能换来良好的人际关系，人们在人际交往的中要遵守平等的原则。平等是人们开展社交活动的前提条件，倘若你对他人施礼，他人却冷漠相待、爱答不理，那么二人将难以开展下一阶段的交流。在日常的交往中，我们应当以平等的姿态对待他人，即他人礼貌待人，我们也应当还之以礼，一来一往，两人才能平等地进行交流，才能建立更加密切的关系。适度原则也是人们在人际交往过程中必须要遵守的原则，即根据实际情况来施礼和还礼。

3. 自信自律的原则

自信的人往往更容易受到他人的关注，更容易取得成功。因此，在人际交往过程中，人们应当遵守自信的原则，以自信的态度面对他人，用自信的语言和行为来影响他人，使他人能够受到积极的影响。

但是，过度自信就会导致自负，而自负的人往往目中无人，容易忽视他人的感受，这并不利于开展社交活动。因此，在人际交往过程中，人们还应遵守自律的原则，约束自身的语言和行为，使自身的言谈举止能够更加合乎规范，这样能够使交往的过程更加得体，更能够获得他人的认可。

4. 信用宽容的原则

信用原则是人际交往过程中的重要原则之一。当一个人能够守信时，他往往更容易获得他人的信赖，从而能够与他人建立良好的社交关系。在日常生活中，守信主要表现在两个方面：其一，遵守与他人约定的时间，即在要求的时间内到达指定地点或完成指定的工作；其二，遵守与他人签订的协议，即在签订协议后履行自身的职责，按协议要求办事。

宽容能够反映一个人的胸怀，这有助于其与他人建立良好的社交关系。因此，人们在人际过程中应当遵守宽容原则，原谅他人的小过失，包容他人的小缺点，理解他人的行为，让他人感受到尊重，从而更好地拉近彼此之间的距离。

（四）礼仪的作用

1. 有助于提升个人素质

礼仪能够展现一个人的交际能力、道德修养，因此人们可以通过加强个人礼仪的方式提高自身的交际能力、道德修养，使自身的素质得到提高，从而更好地向他人展现自我。

2. 有助于增进人际交往

礼仪能够表现对他人的尊重，从而拉近与他人之间的距离。因此人们可以通过加强个人礼仪的方式来增进人际交往，用礼仪来营造宽松的交际环境，用礼仪来获得他人的尊重，轻松、愉快地进行交流与合作。

3. 有助于促进社会文明发展

个人礼仪对于其他社会成员具有一定的影响作用，因此人们可以通过加强个人礼仪的方式为他人树立良好的榜样，使他人能够变得更加文明、礼貌。久而久之，社会上讲究个人礼仪的人将会越来越多，这能够更好地

促进社会文明发展。

二、仪容、仪表和仪态

（一）仪容

在人际交往过程中，人们最先关注到的往往是他人的仪容。如果他人的仪容较好，给人的“第一印象”往往就较好。虽然人的外貌是先天的，但这不意味着人无法通过后天努力来改变自身的仪容。在日常生活中，人们可以通过面部修饰、头部修饰的方式来改善仪容，从而给他人留下良好的印象。

1. 面部修饰

面部修饰是指人们对面部进行清洁、美化，使面部更加美观的过程。在美化面部的过程中，人们应尽可能地保证妆容自然，避免对面部进行过度修饰。

（1）男士要求

对于男士而言，必须要做的就是修面剃须，保持面部干净，展示自己良好的精神面貌。一般情况下，男士保持面部干净即可给人留下较好的印象，也可根据自身实际情况来决定是否要化妆。

（2）女士要求

对于女士而言，除了对面部进行清洁之外，可以适当地进行化妆与修饰。在对面部化妆与修饰的过程中，应当注意以下三点。

其一，根据时间、场合来选择浓妆或淡妆。在日常的工作场合，女士的妆容应以淡妆为主，以展现女士清新、自然的一面；在社交场合，女士可以适当化浓妆，以展现女士优雅的一面。

其二，在修饰眼部、眉部的过程中，应当先对眼部进行清洁，然后在画眼影和眉形时，与社交场合、服饰等相匹配。

其三，在修饰唇部的过程中，应根据社会场合、服饰等来搭配相应的口红色号。

2. 头部修饰

（1）发式

无论是男士还是女士，都应养成勤洗头、定期修剪头发的良好习惯，以便于呈现出干净、清爽的形象。如果需要梳理头发，应尽可能地在洗手间梳理。

（2）发型

对于男士而言，应做到前部的头发不遮住额头，侧部的头发不盖住耳朵，后部的头发不长过西装衬衫领子的上部，保持发型清爽、整洁；对于女士而言，一般应保持大方的发型，如果社交活动较多，女士可以留长发，以便于在不同的场所变换发型。

（二）仪表

在人际交往过程中，仪表也是人们比较关注的方面。其中，选择合适的服饰对于表现人的外观形象有着重要意义。因此，人们应当加大对服饰的重视程度，以便于展现自身良好的外观形象。

1. 着装的基本原则

（1）TPO 原则

TPO 原则要求人们在着装的过程中考虑三个因素，分别是时间（Time）、地点（Place）和场合（Occasion）。当人们能够根据不同的时间、地点和场合来选择相应的服饰时，就能够使自身的仪表更加合乎相应场合与礼仪。

（2）整体性原则

整体性原则要求人们根据自己的形体、气质来选择相应款式、质地、颜色的服饰，以便于让人的整体形象更具有和谐美。

（3）个性化原则

个性化原则要求人们根据自身的特征来选择合适的服饰，以便于他人

能够直观地感受到其独特的个人魅力。一般情况下，不同人的个性特征存在一定的差异，所选择的服饰也有所不同。

（4）整洁原则

整洁原则要求人们选择整洁干净的服饰，尤其是衣领和袖口，必须要保持干净。避免穿沾有污渍、配件残缺的服饰，以免给他人留下不好的印象。

（5）着装协调原则

着装协调原则要求人们做好三方面工作：其一，根据自己的社会角色来选择相应的服饰；其二，根据自己的年龄、肤色、形体来选择相应的服饰；其三，根据合理的色彩搭配来选择相应的服饰。

2. 着装的礼仪规范

（1）男士着装礼仪

对于男士而言，应通过合理的服饰搭配来展现自己的道德修养、品位，呈现出一个正直、稳重、友善的形象。要做到这点，男士应做好以下三个方面的工作。

其一，控制好服饰的色彩数量。一般来说，全身服饰的颜色应保持在三色之内，以呈现出庄重的形象。

其二，根据西装颜色来搭配鞋袜。在选择鞋子时，男士应在正式场所穿黑色或深棕色皮鞋，在娱乐场所可以穿浅色皮鞋；在选择袜子时，男士应当根据西裤的颜色来选择相应的袜子。

其三，衣裤搭配要合理。在典礼、仪式等正式场所，男士应当穿西装。在选择正装时，人们应当选择整齐、合身且为深色的正装，并且还要保持公文包、皮鞋、皮带颜色一致，以呈现男士稳重的形象。另外，男士在穿西装之前还应注意一些问题，如穿西装之前要先拆掉商标、衬衫要放在西裤内、西装上衣和裤子尽量不要放太多的东西等。

（2）女士着装礼仪

对于女士而言，应当通过合理的着装来展现自身的大方、庄重、干练的个性。要做到这点，女士应做好以下五个方面的工作。

其一，选择合适的职业套装。女士的职业套装一般为深色系的西服裙装，即西服上衣、浅色衬衫与西式筒裙的套装，并且筒裙的长度不宜过短，应控制在膝盖以下 30 cm 左右。

其二，根据职业套装搭配合适的袜子。在女士身着西服裙装时，应穿长筒丝袜或连裤丝袜，袜筒的长度不得短于筒裙下摆边。同时，应尽量选择肉色丝袜，不宜选择其他鲜艳奇特的丝袜，以免破坏整体形象。

其三，根据职业套装搭配合适的鞋子。在选择鞋子时，应尽量选择与职业套装颜色相近且没有装饰物的高跟鞋，并控制好鞋跟的高度。

其四，选择合适的手提包。在正式场所，女士应选择深色的手提包，并且手提包中不宜放置过多的物品。

其五，选择合适的妆容和装饰。在工作场所，女士应选择淡妆作为工作妆容，尽量少佩戴首饰，以呈现出沉稳、干练的职场女性形象。

（三）仪态

在人际交往的过程中，保持良好的仪态能够给他人带来好感，拉近彼此之间的距离。一般认为，良好的仪态表现为站姿挺拔、坐姿优雅、走姿稳健等。在现实生活中，人们应该从姿态、表情、动作等方面来改变自身的仪态。

1. 姿态

（1）站姿

在正式场合，标准的站姿为全身笔直、双眼目视前方、面带微笑、双臂自然下垂、双腿相靠直立。站立时，应尽量避免出现双肩高低不一致、驼背、双手插袋或双手叉腰等行为和动作，这些都不利于展现自身的良好形象。

（2）坐姿

在正式场合，标准的坐姿为上身挺直、双眼目视前方、面带微笑、双

腿自然弯曲，如果座椅有椅背，可以稍微靠着椅背。入座后，男士双膝之间应保持一拳的距离，双手应放于大腿之上，女士应双膝并拢，双腿同时朝一个方向倾斜，双手叠放在腿上。

（3）走姿

在正式场合，标准的走姿为上身挺直、双眼目视前方、双臂自然摆动、步伐稳健、步幅均匀。对于女士而言，在身着休闲装时，可以适当放松、迈大步伐。在身着裙装时，应减小步幅，这样能够更好地展现女士的形体美。在行走过程中，应尽量不要出现摇头晃脑、大摇大摆等姿势。

2. 表情

表情是指人们表现在面部上的情绪，如喜悦、难过、愤怒等。

（1）微笑

微笑是指一种不发出笑声且不显著的笑容，可以用于与他人示好、日常交流等过程之中。微笑应当是内心真诚的笑容，因为只有这样的微笑才能真正地打动他人，使他人感受到友好与尊重。如果是做作的微笑，那么可能会引起他人的反感与误解，从而引发不愉快。

（2）目光

在人际交往过程中，人们可以通过目光的交流来感受他人此时此刻的心情。因此，如果要与他人保持良好的交际关系，那么应当通过目光交流来表现自身的真诚与友好。

在不同的情形和场合，人们的注视区域有所不同。例如，在问候他人的情形中，人们通常会将目光落在他人的双眼之中，以表示自身对于他人的尊重；在与他人商谈的情形中，人们通常会将目光落在他人的额头到双眼的区域，以表示自身严肃认真的态度；在与他人聚会的场合中，人们通常会将目光落在他人双眼到唇部的区域，以表示自身的友好。

与此同时，注视的角度不同，给人带来的感受也会不同。例如，以正视他人的方式进行交流通常表示为尊重他人，以平视他人的方式进行交流通常表示为彼此平等交流，以仰视他人的方式进行交流通常表示为重视他人，以俯视他人的方式进行交流通常表示为轻视他人。

三、社交礼仪

（一）基本社交礼仪

1. 握手

握手是一种较为常见的社交礼仪。在人际交往过程中，人们可以通过握手来对他人表示友好、信任、感谢等。

（1）握手的姿势

在握手的过程中，我们要自然地伸出右手，四指并拢，拇指张开与他人相握，在上下晃动数次后松开手。如果戴着手套，要先脱掉手套再与他人握手，以表示对他人的尊重。

（2）握手的顺序

在不同的场合，握手的顺序有所不同。例如，在工作场所，上级先伸手，然后才能接握；在社交场所，先到者先伸手，然后才能接握；在与长辈交流的场合，长辈先伸手，然后才能接握。

2. 介绍

介绍是指人们在人际交往过程中让他人认识自己或结识他人的一种方式，可分为自我介绍和介绍他人两种形式。

（1）自我介绍

自我介绍是指向他人介绍自己。做好自我介绍不仅有助于展示自己的个性特征，让他人感受自己的真诚，还有助于结识更多新的朋友。在自我介绍的过程中，我们应先对他人致意，然后再介绍自己的个人情况，如姓名、工作单位、兴趣爱好等。

（2）介绍他人

介绍他人是指通过第三方来介绍彼此不相识的人。介绍他人如果得当，

不仅能够获得被介绍人的赞许，也能够拉近彼此之间的关系。在介绍他人的过程中，我们应当先介绍位卑者，再介绍位尊者。例如，先对晚辈进行介绍，再对长辈进行介绍；先介绍职务低的人，再介绍职务高的人。

3. 称呼

称呼是指人们在日常交往过程中所使用的称谓语。

（1）基本称呼

① 根据他人的行政职务来称呼他人，如“××院长”“××经理”“××主任”。

② 根据他人的职业来称呼他人，如“××老师”“××律师”“××医生”。

③ 根据他人的技术职称来称呼他人，如“××教授”“××工程师”“××医师”。

④ 根据他人的学术学位来称呼他人，如“××硕士”“××博士”。

（2）习惯性称呼

在人际交往过程中，如果人们对于他人的身份了解较少或不明确他人身份，那么可以采用习惯性称呼的方式来称呼他人。例如，根据他人的性别来称呼他人，即“王先生”“张女士”；用恭敬的称呼来称呼比自己年长的人，即“老张”“老王”；用尊称来称呼有身份的人，即“张老”“王老”等。

（二）职场社交礼仪

1. 办公室礼仪

对于办公室职员而言，熟练地运用办公室礼仪能够处理好与同事、上级之间的关系，从而营造良好的工作氛围，并提高自己的工作效率。办公室礼仪主要包括迎送礼仪、名片礼仪、谈话礼仪、电话礼仪、会议礼仪等。

（1）迎送礼仪

当有客人来访时，我们应当主动引领客人进入公共接待区，为客人送上茶水，并告知相应的领导。如果要与客人进行交谈，那么应当控制好自己的音量，避免影响其他同事正常工作。

（2）名片礼仪

在递送名片的过程中，我们应当用拇指和食指执名片两角递送给他人，以表示对他人的尊重；在接名片的过程中，我们也应用双手接名片，并仔细看名片的内容，以表示对他人的尊重。

（3）谈话礼仪

我们在与同事或上司谈话时，应将目光落在同事或上司的额头到双眼的区域，以表示对同事或上司的重视。在此过程中，我们应减少一些习惯性的身体动作，如双手交叉放于胸前、身体晃来晃去等。

（4）电话礼仪

电话礼仪主要包括通话前的准备礼仪、通话中的谈话礼仪、通话结束的礼仪。在开始通话之前，我们应当事先作好相应的准备工作，使他人感受到诚意；在正式通话的过程中，我们应当用温和缓慢的语气、简洁的语言与通话对象进行交流；在即将结束通话时，我们应当等通话对象先挂断电话，再放下电话。

（5）会议礼仪

会议礼仪主要包括会议前的礼仪、会议中的礼仪和会议后的礼仪。在会议开始之前，我们要明确会议开始时间、会议地点、会议议题、发言人、会议设备等；在会议开始的过程中，会议主持人要先对参会主要人员进行介绍，然后控制会议整体进程和会议时间；在会议即将结束时，会议主持人要对会议内容进行总结，并对参会人员致谢。

2. 餐桌上的礼仪

（1）入座的礼仪

入座时，主人一般会先邀请客人入座上席，再请年长者入座客人旁，以表示对客人和对年长者的尊重。当我们入座后，要端正自己身姿，与餐桌保持 15 cm 的距离，然后静静等待。在此过程中，有任何需要都应先向

主人致意，再根据主人的回应进行相关的活动，以表现对主人的尊重。

（2）进餐时的礼仪

在进餐时，主人一般会先请客人、年长者动筷。当我们开始进餐时，尽可能地不要发出过大的声音，尤其是喝汤的声音和咀嚼食物的声音，这些都是不合乎进餐礼仪的行为。如果在进餐时不小心发出了声音，应向周围的人表示歉意。在进餐的过程中，应适当地与周围的人聊聊天，缓和一下气氛，但不应在他人进食的过程中聊天，以免引起他人的反感。

（3）离席时的礼仪

在即将离席时，我们应当向主人表示感谢，并邀请主人到自己家作客，然后缓缓离席。

3. 约会中的交际礼仪

（1）约会前的礼仪

在约会开始之前，我们要事先做好约会的准备工作，明确约会的时间和地点，然后将其告知约会对象。如果是对方提出的约会要求，那么应询问自己应做的事情，以便于配合对方；如果对方不方便赴约，不应勉强对方赴约。

（2）约会过程中的礼仪

在约会过程中，我们要根据约会的场所、时间、对象来合理地安排着装、修饰面容。同时，应尽可能地提前到达约会地点，如果出现特定情况无法准时到达约会地点，应当提前告知约会对象，并对约会对象表示真诚的歉意。

4. 拜访客户的礼仪

当与客户约定时间和地点后，应当提前到达约定地方，以表示对客户的尊重与重视。如果自己可能晚到，应当提前向客户说明情况，并表示歉意。如果与客户是第一次见面，应当主动作自我介绍；如果对客户较为熟悉，应主动握手并问候近况。

在与客户商谈的过程中，我们应当先认真听客户说完再表达自己的看法。如果客户的时间比较紧迫、自己要表达的内容较多，那么应当将重点内容阐述给客户，以便节约客户的时间，给客户留下良好的印象。

5. 馈赠的礼仪

馈赠礼物是拉近人与人之间关系的重要途径，但是这并不意味着在任何时间都可以向他人馈赠礼物。在馈赠礼物之前，我们应把握好馈赠礼物的时间。例如，在传统节日期间馈赠礼物、在老人诞辰或孩子生日时馈赠礼物、在重要活动期间馈赠礼物。选择好礼物也是馈赠礼仪中的重要组成部分，应当根据不同的送礼对象来选择相应的礼物。例如，给生病的人送礼时，可以将花束、水果作为礼物；给孩子送礼时，可以将牛奶、玩具作为礼物；给老人送礼时，可以将保健品、茶叶等作为礼物。

6. 电梯间里的礼仪

在进入电梯间之前，要先按好电梯按钮，与客人一起等待电梯的到来；在电梯到达时，可以先进电梯，一手按住开门按钮，另一手边挡住电梯侧门，请客人进入电梯，并按好相应的楼层按钮；到达目的楼层后，要一边按住开门按钮，一边请客人先出电梯，自己再走出电梯。

四、大学生职场礼仪

对于刚毕业的大学生而言，他们的社会经验不足，对于职场中的礼仪了解不够多，往往会因为一些小的举动而导致自身工作出问题，因此大学生了解职场礼仪是非常必要的。

（一）大学生作为进入职场的新人要遵守的法则

1. 学习行业知识和客户知识

作为职场新人，大学毕业生一开始的工作往往是简单、枯燥的，无法

充分运用到自身所学的专业知识，从而导致自身的工作积极性不高，无法集中精力完成眼前的工作。事实上，大学毕业生应当明确，做一些简单的工作并不是不受重视，这是给予大学生足够的时间和精力去了解公司，只有对行业知识、客户知识、公司情况等了解得够多，才能更好地适应工作岗位，为公司作出更大的贡献。因此，大学生应当沉下心来，做好眼前的工作，为后续工作的开展奠定良好的基础。

2. 善于看到公司与身边人的闪光点

一些大学生在工作一段时间后，通常会觉得自己的存在感较低，认为公司和身边人都没有为其提供理想的待遇。之所以会出现这种情况，主要是因为大学生尚未完全融入公司之中，没有与同事打成一片。因此，大学生应当及时转变自身思维，善于发现公司与身边人的闪光点，真正成为公司的一份子。

（二）大学生在职场中谈话应考虑的方面

1. 从组织的角度看

公司管理者一般都期望大学生在进入公司后能够与其他同事建立良好的关系，这样其就能够较快地适应工作，与其他同事协作办公，在较短的时间内为公司创造经济效益。

2. 从个人的角度看

大学生作为职场新人，处理好与其他同事的关系能够减少工作中的阻碍，更能使其全身心地投入到工作之中。

3. 职场交谈忌讳

（1）禁止将行业秘密、国家秘密作为谈资。

（2）禁止随意谈论别人的家务事。

（3）禁止在背后谈论领导、同事。

（4）尽量不要谈论年龄、收入、健康状况等私密性较强的话题。

（三）职场中名片的使用方法

1. 获取名片的两方法

（1）通过交换的方式获取他人的名片。例如，在递送名片的过程中，提出与他人交换名片的请求。

（2）通过请教的方式获取他人的名片。例如，在与他人交谈的过程中，主动提出通过名片中的联系方式来进行更深层次的交流。

2. 如何接受他人的名片

当别人递来名片时，我们首先应当双手接住名片，然后通过浏览名片上的信息念出对方的名字、职位，最后还要将自己的名片递给对方，以表示对他人的尊重。

第二节　职场适应与职业发展

自大学生进入职场开始，就不得不面临角色转变、职场适应等现实问题，这要求大学生从大学校园中的学生角色逐渐过渡到职场的职业工作者角色，适应职场中的新规则，并最终成为公司的一份子。

在此过程中，大学生必须加大对职业发展的重视，不断提高自身的职业道德修养、与其他同事建立良好的人际关系，这样才能更快地从学生角色跳脱出来，更好地适应职场环境，成为一个具有较高的职业道德修养和吃苦耐劳精神的职业新人。

一、树立良好的第一印象

目前，我国正处于从人力资源大国向人力资源强国转变的关键时期，社会各行业对于新型人才的需求越来越强烈，这要求高等院校加大对人才培养工作的重视，将高校大学生培养成为具备丰富的专业知识、专业技能和较高的职业道德素养的新型人才。同时，大学毕业生要想在众多人才中

脱颖而出，也必须要在个人形象方面下工夫，在用人单位面前树立良好的第一印象，为后续工作的开展奠定好基础。

（一）树立第一印象的理论依据

从心理学上看，第一印象是指认识主体在第一次不了解认识客体具体信息的情况下，通过自身直觉对认识客体所产生的印象。对于用人单位而言，其从大学毕业生简历中所了解的信息并不全面，因此往往会根据自己的直觉对大学毕业生进行判断，形成对大学毕业生的第一印象。

用人单位在第一次接触大学毕业生的过程中，其所获取的信息主要包括大学毕业生的仪容、仪表、仪态、学习成绩、学校评价等。这些信息可以帮助用人单位简单了解大学毕业生的情况，在心理层面上对大学毕业生进行评价，形成对大学生的第一印象。

（二）良好的第一印象对大学生就业的功效

1. 良好的第一印象的定势效应是大学生就业成功的基础，是实现自我理想的前提。定势效应是指当人们对他人产生第一印象后，通常会以第一印象作为依据来进行后续的评判，即第一印象好，则后续的评判更容易向好的方向发展；第一印象差，则后续的评判更容易向差的方向发展。在大学生就业过程中，大学毕业生给用人单位带来的第一印象也同样会直接影响到后续用人单位对该学生的评判。因此，大学生应当重视树立良好的第一印象，通过树立良好的第一印象来促进自身成功就业。

2. 良好的第一印象的前摄效应是毕业生工作定向发展的基础。前摄效应是指当人们对他人产生了第一印象时，即便第二次获得的信息与第一次获得的信息有差异，人们仍然会以第一印象作为主要的评判依据。在大学生就业过程中，如果用人单位已经对大学毕业生产生了第一印象，那么即便后续所获得的信息与第一印象有所差异，用人单位仍会根据第一印象来评判大学毕业生。因此，大学毕业生应当重视树立良好的第一印象，使用人单位能够根据良好的第一印象为其安排定向的工作。

3. 良好的第一印象的晕轮效应是就业成功、学校良好声誉的基础。

晕轮效应是指当人们对他人产生了第一印象后，就会以第一印象为依据对与之相关联的群体进行评判。在大学生就业过程中，如果用人单位已经对大学毕业生产生了第一印象，那么用人单位会根据第一印象对大学毕业生群体或大学毕业生所在的学校进行评判。因此，大学生应当明确良好的第一印象的重要性，尽可能地给用人单位留下良好的印象，这不仅有助于其自身顺利就业，也有助于为母校带来良好的声誉，为母校的其他毕业生带来一定的便利。虽然良好的第一印象对于大学毕业生求职有着一定的积极影响，但是如果大学毕业生在后续工作过程中表现不佳，仍会影响用人单位对他的印象。因此，大学毕业生不仅要树立良好的第一印象，还要在工作中不断以优异的表现回馈用人单位，让用人单位一直对其有好印象。

（三）如何树立良好的第一印象

1. 重视知识技能准备，提高综合素质

就业是每个大学生都必须要面对的现实问题，因此从进入大学校园开始，大学生就应当开始为未来的就业作准备，要通过学习大量的专业知识与专业技能来提高自身整体能力。对于现阶段的用人单位而言，除了对大学生的专业知识与专业技能有着较高的要求之外，还要求大学生具备较高的思想道德素质、心理素质等。因此，大学生既要通过日常的专业课程来学习专业知识与专业技能，还要通过具体的校外实习来提高自身的综合素质，让自己提前积累一定的工作经验。这样一来，大学毕业生在面对用人单位时就能够自信地展现自我，给用人单位留下良好的第一印象，顺利就业。

2. 实事求是，客观地评价自身

在当前时代，大学毕业生主要是通过向招聘网站与线下招聘会投递简历的方式来寻找工作机会。在此过程中，用人单位主要是通过简历来了解

大学毕业生的基本情况，所以简历在整个招聘过程中占有重要的地位。因此，大学生应当加大对简历的重视，通过回顾自身的大学经历来整理出自身的优势，既不要过度夸大，也不要过度谦虚，而是将自身的优势以客观的态度表现出来。一般来说，简历主要分为三个部分，分别是自身的基本情况、在校所获得的荣誉以及自身的优势，这些都能够帮助用人单位了解大学毕业生的基本情况。

3. 仪表要端庄，举止要文明，气质要高雅

仪容、仪表、仪态都可以直观地反映出一个人的整体形象，使他人形成相应的第一印象。在大学生就业过程中，用人单位可以通过大学毕业生的仪容、仪表、仪态来评判其对于应聘的重视程度，并通过深层次的交流来明确其是否适合这份工作。因此，大学毕业生应当重视自身的仪容、仪表、仪态，在面试过程中身着整洁的正装，用专业、富有创新性的语言来打动面试官，一方面展现自己对于公司的重视，另一方面展现自己的青春活力。

4. 利用校友推荐就业

当大学毕业生明确就业目标之后，可以了解一下该公司是否有同校的校友。如果公司有校友并且校友在公司的表现十分优异，那么可以请求校友引荐自己；如果公司有校友但校友在公司的表现较差，那么就不需要请求校友引荐自己。

二、主动适应新的工作和生活环境

（一）主动适应新的工作和生活环境的重要性

对于大学毕业生而言，主动适应新的工作和生活环境，有利于推动社会主义和谐社会的建设。国外一些学者认为，每个系统都有其特定的结构和功能，其中结构是功能的内部依据，而功能是结构的外部表现，如果要强化系统的功能，就必须要先从强化系统结构着手。同样，要强化和谐社

会的功能，就必须要对和谐社会的结构进行优化，消除结构内各要素之间存在的问题。大学生主动适应新的工作和生活环境能够更好地解决自身的就业问题，更加积极地投身于工作岗位之中，缓解社会压力，为社会创造更多的经济效益，从而促进社会更好地发展。

（二）主动适应新的工作环境需要具备职业核心能力

适应新工作环境的过程并不是一个轻松的过程，它要求人们在自身所学知识与技能的基础上不断突破自我，形成自己的职业核心能力。从职业核心能力的指向来看，职业核心能力主要包括六种能力，分别是学会学习的能力、交流能力、社会活动能力、业务管理能力、问题解决能力和敢于承担责任的能力。

1. 学会学习的能力

学会学习的能力是指对现有的工作实践活动进行观察、分析与反思，从而建构自身的知识体系与能力体系的能力。在工作过程中，人们不仅要投入足够的精力，还要对所做的工作进行反思，反思工作过程中存在的不足，有意识地根据工作过程中的不足进行改正，从而更好地丰富自身的知识储备，更好地开展后续的工作内容。

2. 交流能力

交流能力主要包括书面表达的能力、口头表达的能力、提供建议的能力、收集和提供信息的能力、建立公共关系的能力、与不同层次的顾客建立关系并保持联系的能力和谈判能力。其中，书面表达的能力可以通过写作得到提高，口头表达的能力可以通过与他人交流得到提高，而其他能力可以通过参与社会实践活动得到提高。

3. 社会活动能力

社会活动能力主要包括策划组织活动的能力、灵活处理事务的能力、自我约束的能力、团队协作的能力、处理紧张关系和不确定性因素的能力、使用反馈信息的能力、发挥移情作用的能力、对结果进行评价的能力。如

果人们要提高自己的社会活动能力，就应当加强自身与团队之间的联系，全身心地融入团队之中。

4. 业务管理能力

业务管理能力主要包括理解组织的财务情况的能力、理解并进行质量管理和质量控制的能力、监管的能力、理解业务的过程和组织机构的能力、培训的能力、理解业务的过程和组织机构的能力。想要提高自身的业务管理能力，就应当积极参与业务活动。

5. 问题解决能力

问题解决能力是指明确问题并针对问题提出具体解决方案，从而解决问题的能力。要提高自身的问题解决能力，就必须要加大对问题类型、问题解决过程、问题情景的重视。首先，问题有多种不同的类型，明确了问题类型才能针对性地制订问题解决方案；其次，问题的解决过程较为复杂，这要求人们理解问题的性质、对问题进行分析；最后，同一问题在不同情境有着不同的表现，这要求人们根据不同的情境来解决问题。

6. 敢于承担责任的能力

对于职业工作者而言，敢于承担责任的能力对于自身的长远发展有着重要的作用。如果职业工作者缺乏敢于承担责任的能力，那么就意味着职业工作者缺乏自信心和创造力，这将会极大阻碍其事业的发展。而要提高敢于承担责任的能力，首先要明确责任的具体内容，然后采取合适的方式来履行责任。

（三）主动适应新的生活环境需要养成健康文明的生活方式

1. 培养健康、向上、乐观的生活态度

在进入社会后，大学生会面临新的生活环境，要改变自身的生活习惯，还要面临一些其他的生活问题和工作问题，这些都会对大学生的心理健康发展造成障碍。因此，必须要培养大学生健康、向上、乐观的生活态度，即当遇到新的生活问题和工作问题时，不仅能够乐观地面对这些问题，还能够通过自身的努力来克服问题；当大学生在生活或工作过程中遇到挫折时，能够不轻易放弃，而是坚持以乐观的心态面对挫折，更好地工作和生活。

2. 培养与人为善、助人为乐的品质

建立良好的人际关系有助于为大学生营造良好的工作氛围和生活环境。在工作过程中，难免要与其他同事合作。因此，要培养大学生与人为善、助人为乐的品质，友善地对待周围的人，在他人需要帮助时及时伸出援手，这样一来，日后自己需要帮助时也能向他人寻求帮助。与此同时，要学会感恩，对他人提供的帮助表示感谢，这样才能在他人心中树立良好的形象。

（四）主动适应工作和生活环境还包括要正确对待职业流动

虽然当前国内的就业形势较为严峻，大学毕业生不宜反复地择业，但是这并不意味着大学生必须要固定在某一职业之上。因此，大学毕业生应当以平常心对待职业流动，合理的职业流动有助于自身发展。当大学毕业生工作一段时间后发现自身仍无法适应工作内容或者这份工作不适合自身长远发展，那么可以考虑换份更适合自己的工作，从而更好地促进自身发展。

三、从学校到职场的过渡

（一）学生与职场人的差别

当大学毕业生进入社会之后，就会逐渐从学生角色转变到职场人角色，这意味着大学生要面临一些新的挑战，只有克服这些新的挑战，大学生才能真正地融入社会。因此，大学毕业生必须要明确学生与职场人之间的差别，借此来加快自身角色的转变。

1. 在角色上的差别

如表 3-1 所示。

表 3-1　学生与职场人在角色上的差别

学生	职场人
1. 学生是学校的主体，可以享受学校的服务 2. 学生行事风格相对简单 3. 学生之间主要是情感导向的合作	1. 职场人是职场的客体，为职场服务 2. 职场人必须要按特定的规则行事 3. 职场人之间主要是利益导向的合作

2. 在环境上的差别

如表 3-2 所示。

表 3-2　学生与职场人在环境上的差别

学生	职场人
1. 学生的时间安排比较自由 2. 学生有长假和自由的节假休息 3. 学生要解决的学习问题一般有标准答案可循 4. 学生之间的竞争主要是学习成绩上的竞争 5. 学生的学习循环周期较短 6. 学生定期会开班会或进行其他活动	1. 职场人的时间安排较为固定 2. 职场人不可以无故旷工 3. 职场人的节假休息较少 4. 职场人要解决的问题有时没有标准答案 5. 职场人之间的竞争主要是业绩上的竞争 6. 职场人的工作循环周期较长 7. 职场人定期开展的活动相对较少

3. 教师与老板之间的差别

如表 3-3 所示。

表 3-3　教师与老板之间的差别

教师	老板
1. 教师一般鼓励学生进行讨论 2. 教师虽然会规定完成任务的时间，但通常会宽容处理未按时交付者 3. 教师在大多数情况下能够一视同仁，较为公平 4. 教师以传授知识为主要导向	1. 老板更重视职场人的执行力 2. 老板会派发紧急任务，并会对未按时完成者进行处罚 3. 有的老板更多的是按照自身的主观意识来判断是非曲直 4. 老板以经济效益为主要导向

4. 学习过程与工作过程之间的差别

如表 3-4 所示。

表 3-4　学习过程与工作过程之间的差别

学习过程	工作过程
1. 学习过程更具抽象性、理论性 2. 学习过程具有正规化、制度化、结构性和象征性的特征 3. 学习过程主要为个人化的学习	1. 工作过程更具具体性、实践性 2. 工作过程通常以工作中发生的临时事件和具体真实的工作任务为基础 3. 工作过程主要为社会性的学习

（二）自我定位

自我定位是大学毕业生在求职过程中必不可少的一个重要环节。自我定位能够帮助大学生明确自身的实际需求，可以引导大学生根据自身的实际需求来寻找相应的职业。但是，自我定位并不意味着大学生要完全以自身的实际需求来找工作，还要考虑到公司对于人才的需求以及自身能够为公司作出怎样的贡献。对于刚毕业的大学生而言，虽然稳定的工作很好，但是有发展潜力的工作更适合他们。毕业并不代表着不能继续学习，大学生可以通过选择合适的工作来继续学习，不断深化自己对于专业知识与专业技能的把握，同时也可以从企业管理者和其他优秀同事身上汲取经验。因此，大学生的自我定位必须要明确，通过展现自身的特长和个性特点来博得用人单位的青睐。

（三）思想上的转变

在步入社会之前，大学生大多数时间都是在校园中度过，对于社会的了解并不多，因此大学生要想真正融入社会就必须要及时转变自身的角色定位。在此过程中，除了要改变自身的生活习惯和为人处世的态度，还要加快思想上的转变。

1.“要”和“给”的关系

在校园中，大多数学生已经形成了“要”的心态，即自己缺什么就向他人要什么，如缺生活费就向父母要生活费、缺好的成绩就向老师要辅导、缺教学设施就向学校要教学设施。如果以这种“要”的心态进入社会，向社会要高薪酬、高地位、轻松的工作岗位，那么必然会遭到社会的无情打击。因此，大学生在进入社会之前必须要改变“要”的心态，培养“给”的心态，即思考自己能够为公司创造什么样的价值，能为社会作出什么样的贡献，成为一个能够创造价值的人。

2. 个人与组织的关系

在校园中，学生是学校的培养对象，教师会主动培养学生，提高学生

的学习成绩，但是在社会中，只有当职场人能够为组织创造价值时，它才能够得到组织的培养。与此同时，在校园中，个别学生成绩不佳并不会影响学校整体的发展，并且能够通过补考的方式来摆脱困境，但是在社会中，职场人的业绩不佳会影响到组织的发展，甚至会被组织开除，从而面临失业的风险。因此，大学生在进入社会之前必须要认清个人与组织的关系，通过自身的努力来获得组织的认可。

3. 个人与社会的关系

对于大学生而言，如果在校园中遇到困难，学校往往会主动提供一些帮助，从而使学生渡过难关，但是一旦步入社会，社会并不会主动为所有的职业人提供帮助，而是根据职业人为社会做出的贡献来提供帮助。因此，大学生在进入社会之前必须要明确个人与社会的关系，只有为社会作出足够的贡献才能受到社会的重视，而不是等待社会的给予。

（四）顺利完成从学生到职业人角色的快速转变

1. 调整自己的期望值

由于大学生的社会经验不够丰富，可能会对工作环境、工作岗位产生过高的期望值，如果现实中的工作环境、工作岗位与他期望的工作环境、工作岗位差距过大，那么就会挫伤其工作积极性，影响其未来的发展。因此，大学生应当根据自身的实际情况来调整期望值，以便于自己能够更好地适应工作。

2. 多做小事，少点高谈阔论

在进入社会后，大学生应当改变“天之骄子”的心态，多做一些力所能及的小事，如扫地、浇花等，这样不仅能够磨砺心性，还能够给其他同事留下良好的印象，与同事建立良好的关系。

3. 尽快适应新环境

在与同事进行工作上的交流时，大学生应多以谦虚的态度进行聆听，尽量不要打断同事说话。如果在交流过程中学到了一些东西，大学生可以通过送小礼物、请吃饭的方式对同事表示感谢，借此拉近与同事之间的关系。久而久之，大学生就能够更好地融入新环境。

4. 乐于拓展自己的工作范围

做好自己分内的工作是每个职场人的责任，但仅仅是做好分内的工作并不能引起领导的重视。大学生应当在做好本职工作的基础上学会拓展自己的工作范围，积极地接受并完成领导交代的本职工作之外的其他工作。

（五）步入职场后面临的问题及解决方案

在步入职场后，大多数大学毕业生会面临工作内容简单、自身不受重视、缺乏工作上的指导等问题，如果这些问题不及时解决，可能会影响大学毕业生的自信心和工作积极性。因此，大学毕业生应当加大对自身问题的重视，积极制定相应的解决方案。

1. 树立自信心，相信天生我材必有用

在大学期间，大学生学到了大量的专业知识与专业技能，并希望通过运用所学的专业知识与专业技能来创造属于自己的一片天地。但是在实际工作中，大学生所学的专业知识与专业技能往往无法有效的利用。在这种情况下，大学生应当更加坚定自信心，相信终有一天能够充分运用所学知识来开展工作，实现自身的价值。

2. 更新思想，树立创新意识

大学生作为职场新人，应当以新的视角来看待自身的职业，强化自身的创新意识和创造能力，在做好本职工作的基础上不断创新工作方法，有针对性解决自身存在的工作问题，提高工作效率。

3. 脚踏实地，做好艰苦创业的准备

在进入社会之前，有相当一部分大学生过于理想化，导致其在创业的过程中屡屡碰壁。因此，在大学生开始创业之前，必须要制订一些符合自身实际情况的小目标，并做好面对困难的心理准备。

4. 保持良好心态，及时缓解心理压力

与大学校园环境相比，工作环境往往较为复杂，但这是每个大学生都必须要面对的现实问题。因此，在进入社会之前，大学生必须要明确校园环境与工作环境的区别，保持良好的心态，更好地适应工作环境。

（六）如何成为一名合格的职场人

一名合格的职业人不仅能够适时地制定新的目标来促进自身发展，还善于通过自身努力为企业创造价值以促进企业发展。而要成为一名合格的职业人，就应当做好以下两点工作。

1. 要培养自己的人格魅力，形成积极、自信、负责、诚信的人生态度

在工作过程中，职场人必须要熟悉企业规章制度，自觉地用规章制度来约束自己的言谈举止，为其他同事树立良好的榜样，为企业营造良好的工作氛围。与此同时，职场人还应明确工作环境与校园环境有着明显的不同，积极融入团队之中，和其他同事多进行交流与合作，共同提高工作效率。另外，负责任和诚实的态度是职场人取得成功的重要因素，因此大学生还应培养自身负责任和诚实的态度，积极为企业创造价值，维护企业形象，从而促进自己更好地发展。

2. 要培养随机应变的能力，以便于适应各种不同的环境

随着环境的不断变化，职场人必须要培养随机应变的能力，以全新的思维方式来面对新的环境，促进自身更好的发展。在工作过程中，职场人难免会遇到一系列的挫折，但不能一遇到挫折就放弃，而是将这些挫折作为宝贵经验保存下来，这有助于大学生从容面对新的挫折。因此，要成为一个合格的职场人，就必须要培养随机应变的能力，积极地面对挫折，适应各种不同的环境。

第三节　就业权益保障

从目前的情况来看，我国的就业形势仍较为严峻，主要表现为大学毕业生数量过多、工作岗位数量相对较少。在此背景下，一些急于求职的大学生容易受到用人单位的不公平对待，使自身的就业权益无法得到保障。因此，大学生必须要加强对自身就业权益的重视，了解并运用相关的法律来保护自己的合法权益。

一、毕业生就业的基本权利与义务

（一）毕业生就业的基本权利

1. 了解国家就业方针、政策和相关规定的权利

在大学生进入社会之前，高校应当向大学生详细讲解国家的就业方针、政策和相关规定，保障大学生的基本权利。

2. 接受就业指导的权利

在大学生正式就业之前，高校应当针对大学生的实际情况来提供就业指导，解决大学生在就业过程中遇到的问题，促进大学生顺利就业。

3. 自主选择用人单位的权利

在大学生就业过程中，大学生可以在国家就业政策规定的范围内选择最适合自己的用人单位，其他人不得强迫或代替大学生作选择。

4. 了解用人单位基本情况的权利

在大学生就业过程中，大学生可以向用人单位了解其基本情况，如用人单位的性质、工作地点、所提供的工作岗位、福利待遇等。

5. 参加公开竞聘、平等就业的权利

在大学生就业过程中，所有符合要求的毕业生都可以参与到用人单位的竞聘之中，禁止用人单位性别歧视。

6. 自愿签订毕业生就业协议和劳动合同的权利

在签订就业协议和劳动合同的过程中，大学生可以根据自身的意愿来决定是否签订就业协议和劳动合同。

7. 违约求偿权

在签订完就业协议和劳动合同之后，如果用人单位没有按照就业协议和劳动合同来保障大学生权益，大学生可以通过法律来要求用人单位给予相应的赔偿。

（二）毕业生就业的基本义务

1. 自觉服从国家需要的义务

虽然大学毕业生有自由选择用人单位的权利，但是应当明确国家和社会在大学生成长成才过程中所付出的努力。所以，当国家需要相关人才时，大学毕业生应当自觉服从国家需要，到国家最需要的地方去实现自身价值。

2. 自觉履行诚实信用原则的义务

毕业生在向用人单位介绍个人情况的过程中，必须要如实地描述个人情况，不得弄虚作假、糊弄用人单位。

3. 自觉履行就业协议和劳动合同的义务

当大学毕业生与用人单位签订就业协议和劳动合同后，应当自觉按照就业协议和劳动合同来工作，完成用人单位所交代的工作任务，保障用人单位的权益、如果在此期间出现违反就业协议和劳动合同的行为，必须要自行承担相应后果。

4. 按时到工作单位报到的义务

根据《普通高等学校毕业生就业工作暂行规定》，大学毕业生应当在指定的期限内到用人单位报到，否则大学毕业生只能自行解决自己的就业问题。

5. 有不断提高职业技能的义务

对于大学毕业生而言，他们虽然在校内学习了一定的专业知识和专业技能，但并不意味着能够完全运用到工作过程之中，因此大学毕业生应当积极参与用人单位的培训，掌握更多的工作技能。

二、毕业生就业权益保护

大学毕业生的社会经验不足，在求职过程中容易掉入有些用人单位的“陷阱”之中，从而导致自身的就业权益被侵犯。因此，在就业过程中，大学毕业生应当了解就业的相关政策，运用法律来保护自身的合法权益，更好地解决自身的就业问题。

（一）大学毕业生在就业过程中应当了解的法律

1.《中华人民共和国民法通则》

《中华人民共和国民法通则》是我国对一些民事活动中的共同性问题所作的法律规定。在就业过程中，大学毕业生可以了解并运用《中华人民共和国民法通则》的法律规定来解决职业歧视、认证主体资格、追究民事责任等问题。

2.《中华人民共和国劳动法》

《中华人民共和国劳动法》是我国为了保护劳动者合法权益、建立和维护适应社会主义市场经济的劳动制度所颁布的法律。在就业过程中，大学毕业生可以通过了解并运用《中华人民共和国劳动法》来保障自身平等就业等问题。

3.《中华人民共和国劳动合同法》

《中华人民共和国劳动合同法》是我国为了完善劳动合同制度，明确劳动合同双方当事人的权利和义务、保护劳动者合法权益、构建和发展和谐稳定的劳动关系所颁布的法律。在就业过程中，大学毕业生可以通过了解

并运用《中华人民共和国劳动合同法》与用人单位签订劳动合同，保障自身的权益。

4.《中华人民共和国就业促进法》

《中华人民共和国就业促进法》是我国为了促进就业、促进经济发展与扩大就业相协调、促进社会和谐稳定所颁布的法律。在就业过程中，大学毕业生可以通过了解并运用《中华人民共和国就业促进法》明确国家就业方针和政府职责，保障自身公平就业的权益。

（二）毕业生就业过程中权益保护的途径

1. 各级政府就业主管部门的保护

当用人单位侵犯大学毕业生就业权益时，政府就业主管部门可以根据相关国家法律法规拒绝用人单位签订的就业协议，拒绝核发《就业报到证》，保障大学毕业生的就业权益。

2. 高等院校的保护

在校期间，高校可以为学生提供就业指导服务，揭示就业中可能出现的不公平现象，也可以对进入校园招聘会的用人单位进行审批，指导大学毕业生寻找合适的用人单位，保障大学毕业生的基本权益。

3. 毕业生的自我保护

（1）加强学习，树立维权意识、法纪意识、诚信意识

大学毕业生要加强对《中华人民共和国民法通则》《中华人民共和国劳动法》《中华人民共和国劳动合同法》的学习，了解相关的法律才能更好地运用法律来保障自身的权益。

（2）遵循市场规则，预防侵害自身权益行为的发生

大学毕业生要培养风险防范能力，如果用人单位不切实际地大学毕业生承诺高薪、体面、轻松的工作，那么大学毕业生就应当有所戒备，以免掉入求职陷阱。

（3）自行向高校、政府相关部门寻求帮助

在求职过程中，如果大学生的合法权益被用人单位侵犯，大学生可以自行向高校、政府相关部门寻求帮助，在高校、政府相关部门的帮助下维护自身的合法权益。

三、常见的求职侵权行为及预防

在大学生就业过程中，有些用人单位会利用大学生社会经验不足这一点来设置求职陷阱，在招聘阶段、签约阶段或试用期阶段侵犯大学生的合法权益、这不仅不利于大学生个人的发展，也不利于社会和谐发展。因此，高校、社会、政府应当共同为大学生提供帮助，保障大学生的合法权益。

（一）招聘阶段的侵权行为

1. 歧视行为

（1）性别歧视

性别歧视是指用人单位在招聘职员的过程中对某一性别劳动者存在偏见，从而造成不公平竞争。例如，有的服装企业在招聘职员时要求应聘者为女性，有的汽车修理公司在招聘职员时要求应聘者为男性。从表面上看，用人单位是根据工作性质来招聘某一性别的职员，事实上这已经构成了性别歧视。

（2）学历歧视

学历歧视是指用人单位单纯以学历为标准来招聘职员。例如，有的用人单位提供的工作岗位明明本科生就可以胜任，却非要限定只能研究生参与应聘。

（3）经验歧视

经验歧视是指用人单位根据应聘者的工作经验来进行招聘，优先选择有一定工作经验的应聘者。对于大多数应届大学毕业生而言，他们刚刚踏

入社会，基本上没有工作经验，因此较容易受到经验歧视。

（4）形象歧视

形象歧视是指用人单位在招聘职员的过程优先选择相貌较好的应聘者，却忽视应聘者的工作能力。

2. 虚假广告

（1）坐收渔利的虚假广告

这类招聘信息往往会夸大薪酬、工作环境和福利待遇，吸引一些求职者交报名费前来应聘，从而达到骗取报名费的目的。有的用人单位也会为应聘者提供工作岗位，但试用期一满就辞退该员工，以达到榨取职员劳动报酬的目的。

（2）剽窃智力的虚假广告

这类招聘信息是借“考核”之名来剽窃应聘者的智力成果，即在“考核”过程中为应聘者设置一道“难题”，该“难题”可能是用人单位当前正难以应对的问题，应聘者不知不觉中为用人单位提供了解决方案，但是最终却没有被用人单位聘用。

（3）骗人传销的虚假广告

这类招聘信息主要是以高薪酬、高福利待遇的工作来吸引急于求职的应聘者，在应聘者不知情的情况下将其送往传销窝点，并对应聘者进行洗脑。

3. 侵犯知情权

在大学生求职的过程中，有的用人单位会在面试时提出若干问题来了解大学生的情况，但是当大学生想要了解用人单位的情况时，用人单位就选择回避问题或不对问题进行作答，导致大学生对于用人单位的了解较少。在面试结束后，用人单位可以从众多应聘者中选取最优的应聘者，而大学生却因为信息模糊不好进行抉择，这种信息不对等的情况就表明用人单位侵犯了大学生的知情权。

4. 侵犯隐私权

在大学生求职过程中，有的用人单位会在面试时询问大学生的情感状况、个人喜好等私密性较强的问题，对于大学生而言，回答这些问题可能会暴露个人隐私，不回答这些问题可能会影响面试成绩，因此一些大学生为了面试成绩不得不回答这些私密问题。事实上，这些涉及个人隐私的问题已经侵犯了大学生的隐私权，大学生可以根据自身实际情况向政府相关部门进行反馈。

（二）签约阶段的侵权行为

1. 合同必备条款缺失

一个完善的劳动合同应当包括用人单位名称、主要负责人、劳动者姓名、身份证号码、劳动合同期限、工作时间和休假时间、劳动报酬、劳动保护等。在大学生就业过程中，如果劳动合同中的必备条款有欠缺，那么就侵犯了大学生的合法就业权益。如在劳动报酬这一项中，用人单位没有明确的劳动报酬说明，只是模糊地划定了一个范围或者只是口头上允诺给予较高的薪水。面对这类侵权行为，大学毕业生应当及时向高校、政府相关部门寻求帮助，避免自身权益遭到侵害。

2. 违反协议或合同的违约金

违约金是违约方按照就业协议或劳动合同规定向另一方支付的罚金，其有助于督促用人单位和大学毕业生履行就业协议或劳动合同的内容，保障双方的合法权益。大学生应当明确的是，违约金的额度并不是用人单位随意制定的，而必须要按照职员的薪酬来制定，并且违约金的上限为 12 个月的工资总和。无论是用人单位违约，还是大学生违约，都必须要按照规定支付违约金。如果用人单位只是单方面规定大学毕业生的违约金，就侵犯了大学生的合法权益。

3. 合同文本中有违法条款

有的用人单位虽然根据劳动合同向大学毕业生支付工资，但却没有为

其办理社会保险，这不仅违反了相关法律规定，也损害了大学毕业生的合法就业权益。面对这种情况，大学毕业生应当及时向高校和政府相关部门寻求帮助，以便更好地维护自己的权益。

（三）试用期阶段的侵权行为

1. 试用期过长

试用期是指包含在劳动期限内，用人单位考核劳动者和劳动者考核用人单位的期限。试用期的期限并不是由用人单位任意制定的，而是根据劳动合同期限来制定。例如，劳动合同期限为 6 个月以下，那么试用期不得超过 15 天；劳动合同期限为 6 个月以上、1 年以下，那么试用期不得超过 30 天。如果用人单位不以劳动合同期限为标准来制定试用期，无故延长试用期，那么就侵犯了大学毕业生的合法就业权益。另外，在试用期，用人单位也要为大学生支付薪水、办理社会保险，否则也是侵犯了大学毕业生的合法权益。

2. 把“试用期”变成了“剥削期”

在大学生就业过程中，有的用人单位利用大学生社会经验不足的弱点，在试用期内支付较低的薪水，要求大学生在试用期做跟正常职员相同的工作，并不断延长大学生的试用期，这些都侵犯了大学生的合法权益。从《关于贯彻执行〈中华人民共和国劳动法〉若干问题的意见》中来看，当劳动者在试用期内开展了正常的工作，用人单位就必须要按照最低工资标准来支付薪水，并且还要为劳动者缴纳社会保险。如果用人单位在试用期内没有向大学生支付薪水和缴纳社会保险，大学生可以向当地劳动仲裁部门申请仲裁，保障自身的合法权益。

3.“只试用，不录用”的恶意侵权行为

一般来说，大学毕业生作为职场新人，有一定的试用期属于正常现象，但是有的用人单位为了节约人力成本，就在大学毕业生的试用期上做文章。如在大学生试用期即将结束的时候，用人单位根据大学毕业生的请假情况、工作表现情况等各种理由来开除大学生，然后招聘新的“试用型”大学生。同时，用人单位还会为试用期的大学毕业生安排一些高难度的工作，表面上是考验大学生，其实更多的是为了节约人力成本。这些情况都极大地损害了大学生的合法就业权益，大学生必须要向高校、政府相关部门反馈，及时保障自身的正当权益，并挽回相应损失。

（四）侵权行为的预防

1. 高校应加强对大学毕业生进行就业指导教育

高校大学生就业指导部门的主要工作是为大学生提供就业指导服务，引导大学生将所学的专业知识与专业技能运用到具体的就业实践之中。但是，就目前的情况来看，高校大学生就业指导部门的工作缺乏实效性，没有针对大学生的实际情况和社会的实际需求来制定相应就业指导课程，导致一些大学毕业生无法满足用人单位的要求。因此，高校应当改变当前的就业指导教育模式，以大学生的实际情况、社会实际需求为依据，为大学生提供针对性强、指向明确的就业指导服务，从而更好地解决大学生在就业过程中遇到的问题。

除此之外，高校就业指导教师后还要针对大学生的法律意识和自我保护意识来开展专题教学活动，即一方面通过详细讲解《中华人民共和国劳动法》《中华人民共和国劳动合同法》来帮助大学生更好地了解法律，提高大学生的法律意识，另一方面通过讲述常见的求职陷阱来帮助大学生鉴别用人单位的套路，提高大学生的自我保护意识。

2. 大学生自己要有法律意识，运用法律来保护自己的权益

有的大学毕业生由于求职心切，自身的合法权益被用人单位侵害时往往不会做出有效的抗争，导致自身的合法权益无法得到保障。因此，大学生必须要加强法律意识和树立正确的求职观念，如果用人单位侵害了自身的合法权益，就应当拒绝与用人单位签约，并迅速向高校、政府相关部门寻求帮助，以便及时挽回自己的损失。同时，在求职过程中，大学生可以

通过网络平台、学校就业指导中心等途径来了解用人单位的可靠性和发展前景，然后再决定是否要选择与用人单位签订合同。

3. 社会各界应为大学毕业生就业创造良好的社会环境

目前，仍有一些用人单位打着“高薪招聘”的旗号来侵害大学生的合法权益，因此政府相关部门应当进一步完善相关就业法律法规，加大对用人单位的审核力度，为大学毕业生提供一个良好的就业环境。同时，对于一些严格遵守法律法规、对社会发展贡献较大的用人单位，政府相关部门应将其作为优秀用人单位并予以嘉奖，以便激励其他用人单位；对于一些违反法律法规、损害应聘者利益的用人单位，政府相关部门应当依法惩处，以便警示其他用人单位。

第四章

创新精神与创业能力教育

第一节 大学生的创新精神与创业环境

2015 年，国务院印发《关于大力推进大众创业万众创新若干政策措施的意见》，在“大众创业，万众创新”的时代背景下，我国迎来了创业浪潮，青年创业者更是异军突起，成为推动社会经济发展的主力军。

在这样蓬勃发展的背景下，大学生作为创业后备人才，要提升自身创新精神与创业能力。

一、大学生创新精神培养

创新对于一个国家和民族具有重要意义，是促使国家和民族长久发展的不竭动力。激发大学生的创新创业精神是关系到民族和国家未来发展的重要任务，要不断推进大学生创新创业教育，与新时代教育紧密结合。

（一）创新精神的含义

创新精神是指具有能够以现有的思维方式综合运用已有的知识、信息、方法而提出新观点、新方法的信心、智慧和勇气。创新精神是进行创新活动必须具备的心理特征，包括创新意识、创新兴趣、创新胆量、创新决心，以及相关的思维活动。

创新精神属于科学精神范畴，主要特征是敢于摒弃旧事物、旧思想，创立新事物、新思想。创新精神具有科学性，符合客观规律，通过创新实

践将创新意识转化为创新成果，促进社会发展。

（二）培养大学生的创新精神

创新精神是国家和民族发展的驱动力，也是新时代大学生必须具备的素质。因此，培养大学生的创新精神，不仅是高校的责任，更是国家乃至全社会的责任。国家要加强高校创新创业教育，为大学生营造良好的环境，以便培养大学生的创新精神和创业能力。

1. 弘扬民族精神，树立远大理想，努力提高自身素质

大学生作为青年一代的代表，是我国社会建设的主要人才，也就是说，大学生是国家的未来和希望，大学生的理想和信念关系着国家未来的发展，所以大学生要心系祖国，站在民族和国家的立场上看待自己的未来，树立高远志向，在新时代承担崇高的历史使命。所以，大学生要提升自身素质，只有自身的综合实力过硬，才能实现理想。

2. 积极引导，启迪和激活大学生的创新意识

意识是思想的萌芽状态和初级阶段，激活大学生的创新意识是培养大学生创新精神和创业能力的前提。学校是传播思想、传授知识的场所，理应承担起培养大学生创新精神和创业能力的任务。高校要在课堂教学中安排相应的内容激发大学生的创新意识，在日新月异的新时代，创新性学习有着至关重要的作用，是培养学生收集、吸收新信息和提出新问题能力的必要途径。

3. 教育和强化大学生的创新观念

思想观念是实践的前提，并对实践行为起到支配和指导作用。只有正确的观念才能演化成科学的精神，才能产生正确的行为。因此要培养和提高大学生的创新精神，首先应注重对大学生创新观念的培养与更新。

在创新创业教育中，学校的首要任务是开发学生的创新和创造潜能，用正确、积极的创新观念影响学生，使其认同创新的价值，促使其创造才

能和创新潜能结出丰硕的果实。要使大学生们正确认识创造创新，使其认识到创造是人类文明之源泉、创新社会前进的动力，创造力是生产力的核心。正确的创新观念有利于加强大学生对创新创造的价值认同，有利于大学生树立信心，自觉将自己的创造潜能与学习及将来的事业结合起来。

4. 加大宣传，弘扬创新精神

高校应在校园内外大力宣传和弘扬创新精神，营造氛围，让大学生在校园文化环境中受到创新精神潜移默化的影响，强化其创新意识和观念。

二、适宜大学生创业的社会环境

近年来，我国大力鼓励创业，出台了相关文件，为创业者进行了全方位政策布局。在“大众创业，万众创新”的时代背景下，青年创业者是创业大军中实力强劲的一支。

（一）经济的发展需要创业

近 40 年来，信息科学、生物科学、材料科学、空间科学等前沿科学取得了前所未有的发展。21 世纪以来，以信息科学为代表的新科学、新技术为人们的生产、生活方式带来了极大的改变，世界范围内开始涌现知识经济的浪潮。

当今社会生产力不断提高，物质资料充足、通信便捷、交通便利，人们生活更加舒适，同时，不断发展的经济对人才的要求也不断提高，人们要从容地生活在这个不断进步的社会，就必须提升自己的价值，而创业正是非常好的选择。创业不仅是为了适应社会要求，同时也是实现自我发展的必然趋势。

（二）当今时代呼唤创业

当今时代，大学生的就业形势非常严峻，一方面是大学生的综合素质

与社会需求不匹配，另一方面是数量日益增多的大学毕业生使得大学生的就业问题愈发尖锐，如何提高大学生的就业竞争力越来越成为大家关注的问题。大学生的求职季经常出现众多大学毕业生争抢一个工作岗位的现象，在如此激烈的就业竞争中，创业显然是另外的出路。对于大学生来说，创业是一种就业的选择，对于社会来说，大学生创业减缓了就业压力，于是国家和社会各界开始给予创业的大学生各种支持。

综观全球，在知识服务、现代服务和高新技术领域，大学生创业已经成为世界性潮流。在美国，50%以上的大学生在未毕业时就开始创业，成功比例较大，而且不乏在当今世界经济影响举足轻重的人物，如微软公司的比尔·盖茨、雅虎的创始人杨致远等。当今，我国的创业活动越来越活跃，创业指数不断升高，而且我国创业活动还有一个显著特点就是创业者年轻化，18～24 岁的成年人在创业者中一直保持着较高的比例。从社会性的创业活动来说，需要不断有新鲜血液注入，创业者的素质需要不断提高，队伍需要不断壮大，这与我国当今大学毕业生的就业形势相适应，因为连续多年的扩招使高等教育发展的速度远远超过了社会经济发展的速度，因此高校毕业生的就业压力比较大，再加上又由于产业结构的调整与优化升级，社会对人才素质的要求也越来越高，大学毕业生的综合素质难以满足社会需求。所以，在面临大学生“毕业就失业”的困境时，创业是一种不错的就业选择。

（三）产业结构的调整需要

产业结构是指产业部门之间和产业部门内部相互间的关联和比例。随着我国经济的快速发展和经济改革的不断深入，我国的经济结构也在不断进行战略性调整，产业结构的调整已经取得了一些成果。产业结构的调整意味着行业中原有投资主体退出，个别行业面临萎缩或消失的局面，但同时，新兴行业迅速崛起，将会带动一大批创业者的出现和成长，同时投资主体也更加多元化。

在经济全球化的发展趋势下，我国经济结构仍存在一定的问题，主要问题是产业结构不合理、地区发展不协调、城镇化水平低。这些问题带来了诸多矛盾，影响了我国经济的进一步发展。对此，我国进行了产业结构调整，整体方针是巩固和加强第一产业的基础地位，加速和提高第二产业，发展第三产业。

发展第三产业的方针为创业者提供了大量的发展机遇和广阔的发展空间。因为第三产业投资少、见效快，是青年人投资的最佳选择。第一、第二产业的创业，必须要具备办公地点、人员、设备和资金，第三产业的创业就简单许多。第三产业大多是从事服务领域，不需要很大的场地，对场地的要求也不苛刻；人员方面，对于人员的专业技术知识要求并不高，比较容易找到相对而言价格低廉的劳动力；资金方面，第三产业的投资一般较小，甚至有的小项目只需几百元。就收益而言，第三产业的项目收益较快，资金周转灵活，创业成功的机会较多。

为了适应社会发展和个人发展需要，越来越多的人选择创办第三产业的企业，这推动了第三产业的蓬勃发展，我国的经济发展也注入了新的活力。同时，市场的繁荣也将为创业者提供前所未有的机遇。

（四）知识经济时代需要

目前，知识经济已经在世界范围内兴起，高新技术产业的迅猛发展为高科技人员的创业提供了广阔的市场。知识经济时代，新兴产业部门将会取代传统产业部门，同时还将出现新的资源与新的资源配置方式。由此，社会新型阶层必将兴起，新兴阶层人员主要是知识的拥有者、控制者，他们将打破传统的货币资本与实物资本的控制者对社会权力的垄断，成为新时代社会结构的核心和中坚力量。

与此同时，新的就业方式和财富增长方式必将出现，知识就业者、信息就业者、网络就业者大量涌现，他们通过知识的生产、交换获取社会财富。这种新型财富积累方式必然带来新型的财富观，在过去的经济时代以

拥有的货币量和实物量作为测算财富的主要指标，而知识经济时代是以知识拥有量、市场化水平及更新速度作为财富的主要指标。知识经济时代，财富的主要表现形式是无形资产，已经成为知识资本化的动态概念。随着知识经济的不断发展，知识逐渐资本化，社会上将会出现知识资本家和知识资本运营家，他们将成为控制社会发展的主导力量。

创新是人类社会发展与进步的根本驱动力，在知识经济时代，经济支柱是高新技术，因此对人才的创新意识、创新精神、创新能力要求较高。我国大学生是高素质的国民群体，在知识经济时代拥有更多的就业与创业机会，要敢于迎接时代的挑战，要注重掌握学科前沿的最新知识，还要提高自己的创新实践能力，将自己培养成符合社会需求的创新型人才。大学生通常有两种创业方式：一种是通过科技创新取得突破性成果，而后创办自己的公司；另一种是毕业后先进入某一行业就业，而后自己或与他人合作创办公司。

总而言之，时代的发展、社会的进步、经济制度的变革、高科技的创新，共同创造了一个适合创业的时代。大学生要适应时代的发展要求，感受社会变革的方向，勇于投身创业舞台，为自己的未来奋斗。

第二节　创新创业必备素质与能力

在创新创业的过程中，创业者发挥着核心作用，创业者必须具备创新创业必备的基本素质，这是创业成功的基本条件。

一、创新创业应具备的素质

（一）创新素质

1. 创新意识

创新意识是一种积极的、富有成果性的人类意识活动，是人们进行创造活动的出发点和内在动力，是形成创造性思维和创造力的前提。

创新意识包括创造兴趣、创造情感和创造意志。创造兴趣是促使人们积极追求新奇事物的一种心理倾向，是促进创造活动的驱动力，是创造活动成功的必要条件；创造情感是引起、推进乃至完成创造的心理因素，正确的创造情感是创造成功的重要条件；创造意志是在创造活动中克服困难的心理因素，具有目的性、顽强性和自制性。

2. 创新动机

动机产生于某种需要，是激发人们参加各种活动的内在动力。创新动机是一种引起和维持主体创新活动的内部心理过程，是形成和推动创新行为的内驱力，是引起实际创新行为的主要原因。创新动机除了产生于创新主体的需要，外界的诱因也是重要条件。创新动机的产生主要受到以下几方面的影响。

（1）创新心理需求

创新心理需求是指创新主体对某种或某些创新目标的追求和欲望，一般是基于实现个人成就、自我价值、社会责任等条件下产生的心理需求。

（2）成就感

成就感是人们在获得成功时因为所取得的成就而产生的一种心理满足，相当一部分创新主体的创新动机就是为了得到成功时的成就感。

（3）经济性动机

在现实的经济社会中，人主要依靠劳动获得的经济收入来谋生，创新主体作为人也需要经济收入来解决基本的生活需求，所以有很大一部分创新主体是因为对收入报酬的追求而产生创新动力。

（4）责任心

创新主体在其进行的创新活动中是一个责任人，对创新活动负责的心理就是责任心，包括社会责任心和企业责任心。责任心会让创新主体产生使命感，促使其坚持不懈，获得创新成功。

（5）勇气

创新是一种对现状的突破和挑战，而且结果不可知，需要对创新活动中将要面临的困难和风险作好充分的心理准备和思想准备，这些觉悟需要一定的勇气支撑。

（二）创业素质

1. 创业精神

创业精神是创业的核心与灵魂，为创业实践提供精神动力和支撑。创业精神的形成基础是创新活动，创业者通过创新活动，有效地整合、利用资源，创造出新的经济价值或社会价值。

一般创业活动是以新创企业的方式进行，但创业精神不只存在于新创企业的活动中，即使是成熟的企业或组织，只要具备求新、求变、求发展的心态，并运用创新的方式为企业带来价值，就可视为其具备创业精神。

可见，创业精神代表的是一种以创新为基础的思维方式，是一种发掘机会、组织资源、创造新价值的精神。创业精神的重点在于“是否创造新的价值”，创业者不能仅仅停留在精神层面，必须要有实际的创业行动，创造了经济价值或社会价值，才体现出了创业精神。

创业精神具有创新性、综合性、整体性、时代性、动态性和持久性等方面的特征，反映着时代精神，是时代对创新创业型人才素质的基本要求。创业精神是创业者必须具备的素质，自信、自主、自立、自强的创业精神是进行创业活动的灵魂和支柱，只有拥有创业精神才会产生创业动机，进而形成创业意识和观念，才会产生创业行为，才有机会获得创业成果。

2. 创业意识

创业意识是指在创业活动中创业者的个性意识倾向，包括创业需要、动机、兴趣、理想等要素。

创业意识是创业者素质的集中体现，是创业素质的重要组成部分，对创业者的态度和行为起到支配作用，决定着创业行为的方向，具有较强的选择性和能动性。

创业是一种实践活动，需要强大的内在驱动力，创业意识为创业实践活动提供动力，同时支配着其具体行为。创业意识的内容包括以下几个方面。

（1）资源意识

创业活动是一种实践活动，需要各方面的资源作为基础，包括人力、财力、物力、信息等。在创业活动的准备和实施过程中，创业者要有获取资源、整合资源的意识，这样才能为创业活动打下良好的基础，为发展提供动力。资源是有限的，创业者要能够将有限的资源进行整合，发挥其最大的作用，如信息的收集、筛选、存储和提取；人员的招聘、任用；财力、物力的分配和使用等，都需要进行详细的统筹、规划，使各个资源要素相互配合。

（2）营销意识

营利是创业最重要的目的之一，也是应该实现的最基本功能，能否长期稳定营利是创业是否成功的主要标志。对于创办企业的创业者来说，把企业生产的产品或服务推销出去是非常重要的任务，只有这样企业才能生存下去。因此，创业者要培养正确的营销意识，为企业开创良好的生存态势，将新创企业带向成功。

（3）管理意识

创业者往往是企业的创立者、组织者、管理者，企业的经营、运作和发展都不是凭借个人力量能实现的，必须要由团队来完成。有了团队的存在，就需要对团队进行管理，创业者需要树立管理意识，借助于制度及文化等手段保障团队秩序，充分调动和组织资源，这样团队才能高效发挥作用，生产出产品，满足市场或社会的需要，使企业获得成功。

（4）风险意识

创业是一种从无到有的社会实践活动，具有非常大的风险性。许多创业者在创业之前或创业初期没有对创业的风险和困难作好心理预期和应对措备，这就使得他们在遇到风险和危机时不知如何应对，导致创业失败。因此，创业者在拼搏进取的同时，也要具备风险意识，对可能发生的风险作好应对。尤其是在有了一点成绩之后，不能放松警惕，在安逸中失去了忧患意识。

（5）形象意识

创业是一个长期的过程，新创企业的成长也是一个由小到大、由弱到强的过程。为了确保企业或组织能够得到长足的发展，企业在取得经济利益的同时也要为社会贡献社会效益，承担社会责任，塑造良好的企业形象。这就需要创业者具备一定的形象意识，打造企业各方面的良好形象。

（6）学习意识

生活在当代社会，人们必须要不断学习才能保证不被时代淘汰。对于创业者来说，需要具备的素质和能力可能更高。创业者不能只凭激情进行创业，必须要通过不断的学习提升自己的创业素质和能力。为了实现创业理想，创业者要突破专业、职业、环境等诸多条件的限制，以强烈的好奇心和求知欲驱动自己不断学习新领域的知识，不断进步，为创业实践奠定理论基础。

3. 创业心理

创业的路程上充满了各种艰险和状况，创业者需要运用心理调控能力保持积极、健康、沉稳的心态。创业心理是指对创业者在创业过程中的心理和行为起调节作用的心理特征，与创业者个人的性格有着密切关系，反映了创业者的情感和意志品质。

创业心理对于创业的成功与否有着重大影响，成功的创业者往往具有常人不具备的心理特征。

（1）成就需求

成就需求是指争取成功、追求优越感，希望做得最好的需要。成就需求强烈的人渴望将事情做得更好，这种需求使他们更有行动的动力，因此通常能比一般人获得更大的成功。

（2）风险承担

风险承担反映的是个体或组织对于未来的风险和不确定性的承担意愿程度，对于创业者来说，这是非常重要的心理特征。因为创业过程需要承担一定的风险，包括高资金、资源、技术、市场等，愿意承担更大的风险也意味着有更大的机会。

（3）控制倾向

控制倾向是人们控制他人的程度，控制倾向与成就需求相一致。控制倾向高的人拥有高度控制欲望，这是一种自信的表现，他们渴望成就，对生活中的人、事、物有着强烈的控制欲，希望发挥自己的影响力。控制倾向强的人往往具有较强的创业精神，更有可能成为成功的创业者。

二、创新创业应具备的能力

（一）创新能力

1．创新能力的含义及特征

创新能力是指运用现有的知识和思维方式，在各种实践活动中创造有价值的新思想、新理论、新方法和新发明的能力。

创新能力有三个基本特征：其一，创新能力是有特定功能的生产力，创新能力的主要功能就是使作为生产力的主体和创造发明主体的劳动者想出新方法、制造新产品、创立新理论；其二，人人都可以拥有创新能力，不同思维能力、学历、智商的人都能够运用创新能力进行创新活动；其三，不同人的创新能力有着较大差异，由于遗传因素，人的潜能有个体性差异，再加上后天因素等影响，人们的创新能力有强有弱。

2. 创新能力的构成

创新能力是一种综合能力，是人类大脑思维功能和社会实践能力的结合，也是人的心智与个性素质的总和。创新能力不仅取决于智力因素，如直觉力、推理力、记忆力、想象力等；还与非智力因素有关，如创造欲、求知欲、进取心等。

（二）创业能力

1. 创业能力的内涵

创业能力是指拥有发现或创造一个新的领域，致力于创造新事物的能力。通常来说，创业能力的内涵主要包括以下三个方面。

（1）创业能力是一种创业主体的心理条件，能够影响创业主体的创业实践活动效率，有利于创业活动顺利进行乃至获得成功。

（2）创业能力是具有较强综合性和创造性的心理机能，由知识、经验、技能等经过类比、概括而成。

（3）创业能力与创业主体的性格有关，但主要来自后天所得，是从后天的教育和环境中培养得来的。

2. 创业能力的类型

创业能力是一种综合能力，对创业活动有着重大影响，甚至可以决定创业的成败。创业能力主要包括以下几种能力。

（1）领导决策能力

领导决策能力是指创业主体从主客观条件出发，对创业活动作出决策的能力。创业者一般会对创业的发展方向、目标、战略及具体措施作出决策，创业者既是领导者，也是决策者。

创业者的领导决策能力在创业实践中发挥着非常重要的作用。正确的领导决策是创业活动顺利进行的前提，有利于促进创业活动的成功，而错误的领导决策将会给创业活动带来损失，尤其是在发展机遇的选择、团队的组建、资金的融通、发展战略的制定等重大决策时刻，创业者的决策直接关系到创业活动全局的成败。

（2）经营管理能力

经营管理能力是指对企业经营活动组织、管理及运营的能力。创业者是企业的领导者，也是团队的组织和管理者，必须具备经营管理能力，对企业中的人、财、物、信息等各项资源进行计划、组织、协调和控制。

经营管理能力是一种较高层次的综合能力，是一种对全局的运筹能力，是保证企业健康生存的第一要素。只有创业者具备出色的经营管理能力，企业的生存和发展才能有序、高效的进行，否则，企业生存就会受到不利影响。

（3）专业技术能力

专业技术能力是指创业者掌握和运用专业知识、组织产品生产或提供服务的能力。在创业过程中，创业者要重视专业技术能力，加强对专业理论知识的理解，在实践中加强专业技能的训练，同时要记录、总结自己的创业实践经验，不断提高专业技术能力。专业技术能力是一种实践性很强的能力，需要在实践中学习、掌握，并有效运用。

（4）抵御风险能力

创业意味着将会面临风险和各种不确定性，创业者的心理素质将会面临全面的考验。在创业过程中，创业者要作好充分的心理准备来面对可预料的和未知的风险，要有抵御创业风险的能力。创业者要确保企业或组织的运营机制、管理模式、制度文化等基本要素与发展目标一致，并且有足够的上升空间。企业的经营、管理、发展必须在合法、合理的范围内进行，要紧贴政策导向，使企业或组织在健康的环境中良性运转。

（5）创新创造能力

知识经济时代的核心竞争力是创新能力，也是创业者在创业过程中化解来自外界风险、获得竞争优势的有效途径。

创新创造能力包括两方面：一是创造性思维的能力；二是创新实践的能力。创新创造能力是一种综合能力，与人们的心态、知识、技能乃至实

践都有着密切关系。

创新创造能力由主体的创新意识、智力和思维方式决定，所以拥有扎实的专业知识、熟练的专业技能、丰富的实践经验、良好的心态的人更容易培养出创新创造能力。

三、创新创业素质和能力的培养途径

创新创业素质和能力的培养途径是多方面的，但最为根本和系统的途径是创新创业教育和实践。通过创新教育和创新实践，可以激发并培养大学生的创新意识、创新思维，为大学生充分发挥其能力提供条件。一方面，创新创业教育可以让大学生掌握科学知识；另一方面，可以让大学生在实践活动中系统地提高自己的创新能力。

（一）创新素质和能力的培养途径

1. 培养主体意识

创业者的主体意识是开展创新创业活动的基础，所以在培养大学生的创新素质和能力时，首先要唤醒起其主体意识，培养大学生的主动精神，使其充分发挥主体作用。大学生在学习和实践过程中，要勤奋、诚实、严谨，学会独立思考、与人合作，尊重科学，同时要敢于质疑，批判性学习。

2. 激发创新欲望和创造热情

创新欲望和创造热情是培养大学生创新素质和创新能力的动力。当代大学生不少都缺乏创新欲望和创造热情，在学习过程中不善于独立思考，因此也就缺乏创新素质和能力。因此，在学习和实践过程中，教师要激发大学生主动学习的热情，激发其好奇心，促使其独立思考，提出自己的发现和见解，帮助大学生冲破思维定式，善于发现问题、大胆地假设问题，并主动探索解决问题的方法。在发现问题到解决问题的这一过程中，大学生的创新欲望和创造热情会被激发。

3. 优化知识结构和创新思维

知识结构和创新思维是创新素质和创新能力的源泉。创新力和创造力的根本来源是扎实的基础知识和创新的思维方式，单一的专业知识和思维方式不足以支撑创新素质和创新能力的发展，要在学习和实践过程中根据自身特点和社会需求，构立合理的知识结构和科学的思维方法。因此，大学生在学习基础知识和专业知识之余，还应学习有助于提高创造力的知识，将理论与实践相结合，优化自己的知识结构。

4. 重视实践训练和动手操作

实践训练和动手操作是把构想变为现实必不可少的途径，也是理论知识的归属，在验证和运用知识的过程中，还能反向促进主体对知识的认识，完善主体的理论知识结构。此外，有效的实践活动能够弥补课堂教学的不足。因此，大学生要积极主动地参与各种实验课程，以便积累实践经验，这对今后的创业活动大有益处。

5. 参加社会实践和第二课堂

社会实践和第二课堂是培养创新素质和创新能力的重要舞台。社会实践活动和第二课堂活动的主要参与主体也是大学生，这样的环境有利于激发大学生的创新意识和创新潜能。大学生可以通过参加科技活动、学术会议、创新活动大赛等实践活动，增强自身的创新素质和创新动力。

（二）创业素质和能力的培养途径

创业教育和创业实践活动是培养创业者素质和创业能力的有效途径。创业教育能够使大学生掌握创业的基本知识、基本技能，增强其社会适应能力与开拓能力，帮助大学生在复杂的社会环境下寻求创业机会。大学生创业素质与创业能力的培养途径主要有四个方面。

1. 积累丰富的文化知识

文化知识是培养大学生创业素质与创业能力的基础。任何素质和能力的形成和提高都需要主体掌握一定的知识并将知识运用于实践，在这一过

程中，主体经历了对知识的学习、掌握、理解、运用、消化，自身素质和能力获得了相应的提高，创业素质与创业能力的培养也是如此。大学生要充分利用各种学习的机会，了解、掌握必要的文化知识，将学习、思考、实践结合起来，切实将知识吸收、消化，将其内化入自身的知识结构中，为创业素质与创业能力的形成和提高打下坚实的知识基础。

2. 树立牢固的专业意识

专业意识是培养大学生创业素质与创业能力的前提。大学生创业普遍从创立小型企业起步，小企业要在竞争激烈的社会中生存，必须要具备专业的技术产品或者服务项目，并使其成为企业的主要营利内容。因此，大学生创业者一定要加强专业意识的培养，具备一定的专业基础，最好是精通与创业相关的专业知识和技能，并能够与时俱进地不断学习新技术、新知识。

3. 培养强烈的社会意识

社会意识是培养大学生创业素质与创业能力的保障。要想创业成功，仅凭个人力量是不现实的，必须要有伙伴或团队的支持。人在社会中生存发展需要具备良好的社会意识，包括与人协调合作的意识、社会责任感、竞争意识、品牌意识等，社会意识是大学生提高创业素质与创业能力的重要保障。

4. 参加各类实践活动

实践活动是培养大学生创业素质与创业能力的途径。大学生在参加社会实践活动的过程中，可以锻炼自己的基本素质和能力，激发潜能，实践活动对于领导能力、组织能力和合作意识的提高效果尤其显著。大学生应根据自身的性格、兴趣和专业特点，积极参加与自身特点相符的社会实践活动，在活动过程中锻炼培养独立解决问题的能力，学会确立目的、制订计划、选择方法、执行决定和具体执行等，从而提高自身的创业素质和创业能力。

第三节　大学生创业面临的问题分析

一、大学生创业所面临的问题

大学生的年龄决定了其社会阅历的欠缺，在专业知识方面也有很大的不足，这些原因导致了大学生在创业过程中面临着心态、知识、经验、技术与资金等方面的问题。

1. 心态问题

良好的心态是正确认识并设法抵御创业风险的前提条件，是创业成功的必要条件，但是由于大学生受年龄及阅历等方面的影响，面对创业风险时往往缺乏正确的认知，后续的应对措施也不够有效，因此影响到创业前景。

2. 知识限制

创业需要各方面的资源，需要完成各方面的事务，如企业注册、管理、市场营销与资金融通等，这就需要创业者拥有丰富的知识储备。而大学生刚出校门，专业知识和关于社会事务的知识储备不够，人脉、信息资源也非常缺乏，这就导致了大学生在创业之初遇到困难时难以解决，在残酷的市场竞争中处于劣势。

3. 经验限制

受年龄及相应学识的限制，大学生难以拥有与创业实践相关的直接经验或间接经验，即使掌握理论知识也是“纸上谈兵”。在创业经验几乎为零的情况下，如果没有得到他人的指导，大学生在创业过程中必将遇到棘手的困难。

4. 技术限制

在创业过程中，专业知识和技术是能够影响创业成败的重要因素，但是现实中的创业者，拥有创业方面的专业知识和技术的理工类大学生只是

少数，对于文科类的大学生来说，专业技术的缺乏极大地限制了他们的创业，因此不少大学生在创业过程中都会遭遇较多困难。

5. 资金问题

现实条件下，大学生普遍缺乏足够的创业资金，从社会上融资或贷款是大部分大学生创业者的选择，但是由于大学生创业风险系数高，融资并不顺利。

大学生创业还受到家庭因素的影响，例如，大学生的父母会希望子女找个稳定的工作，因此对大学生的创业活动较少支持，甚至可能是反对，这对大学生的创业活动来说是不利的。

二、影响大学生创业的因素

（一）个人能力与素质

创业是一项非常具有挑战性和突破性的社会活动，同时具有强烈的个性色彩，十分强调创业者本身的个人素质和能力。

大学生在社会中立足最有力的依靠就是实力，只有拥有过硬的实力才能实现创业梦想，否则创业只会是空想。大学生的创业实力达到一定程度后，其他因素的不利影响也会随之被克服。因此，个人的能力与素质在创业中起决定作用。

1. 个人的性格、爱好、特长

创业者的性格、爱好、特长对于创业项目有较大影响，创业者的这些方面与创业项目相吻合，将会极有利于创业的成功。例如，比尔·盖茨、杨致远他们所进行的创业项目，正是他们的兴趣与爱好。因此，大学生创业要根据自己的性格、兴趣和特长选择创业项目，这样成功的概率会大一些。

2. 家庭因素

（1）父母的价值观对大学生的创业选择会产生较大影响。如果父母对大学生的创业活动表示支持、鼓励，大学生在创业时的态度就会更加积极、乐观；如果父母对大学生创业活动不支持，而是希望他们找一个安稳的工作，大学生就会遭遇很大的创业压力，选择创业时也会更加谨慎。

（2）家庭的经济状况对大学生的创业选择产生影响。如果家庭的经济状况较好，父母收入较高，那么对于大学生来说经济压力就会减小，创业压力随之降低。有些父母还会给孩子的创业提供支持，这就为大学生创业增加了砝码，大学生在创业时可以承担的风险更高，选择更多。反之，如果家庭条件不太好，大学生赡养父母的压力较大，创业就会遇到很大的压力。

事实上，家庭条件、父母的意见对大学生的创业选择有着很大影响，不少大学生，甚至是进入硕士、博士学习阶段的学生，都还在经济上和心理上依赖着父母。

3. 学校因素

学校因素对大学生创业有着直接影响和间接影响。学校推出的针对性政策对大学生创业活动产生直接影响；学校的教育活动，尤其是创新创业教育活动对大学生起到了潜移默化的影响，对其创业也产生了间接影响。

4. 社会因素

社会因素对大学生创业选择的影响来自两方面：一是社会为大学生提供的创业硬件环境、软件环境；二是大学生创业的社会舆论。“硬”的社会环境是指社会风险投资机构对大学生创业项目的关注和扶持，“软”的社会环境是指与大学生创业相关的政策环境、法律环境、商业环境。

社会舆论对大学生创业的影响主要是通过从众现象完成的。人们都有从众心理，年轻人尤甚，大学生往往在意社会的主流选择，会将其作为自己行动的参照，加以实践和效仿。因此，社会舆论对创业项目的态度和对后来人的创业选择有着十分重要的影响。

以上五方面的因素相互联系，共同影响着大学生创业。当前，对大学生创业产生影响的各方面的条件和环境都在逐步完善中，环境的改善将会促使更多大学毕业生投身创业浪潮中。

三、大学生创业的优劣势分析

大学生创业者要深刻了解自己的优点和缺点，据此作出正确的创业选择。

（一）大学生创业的优势

（1）大学生拥有较高的文化水平，通识教育基础好，对事物领悟力强。

（2）大学生的学习能力强，学习速度快，对于新鲜事物的理解程度和接受度高，接触新领域的机会较多。

（3）大学生朝气蓬勃，思维活跃，想象力丰富。

（4）从小接触互联网技术，对社会流行的新技术的掌握能力强。

（5）自信心较足，有勇往直前的闯劲和激情，创业的动机强烈。

（6）大学生年轻，没有成家的压力，还有可能获得家庭的支持。

（二）大学生创业的劣势

（1）缺乏人生阅历、社会经验和职场经历，意味着创业活动缺乏人脉关系和商业网络的支持。

（2）创业想法过于理想化，创业项目缺乏商业前景，经不起市场的考验。

（3）缺乏商业信用，大学生缺乏社会阅历，在融资时容易遇到问题。

（4）眼高手低，好高骛远，对于眼前小利往往并不在意，而总是畅想以后的“第一桶金”。

（5）大部分大学生在毕业时还未形成成熟的独立人格，缺乏对社会和个人的责任感，社会意识薄弱。

（6）大学生没有在复杂的社会环境中历练过，心理承受能力差，遇到挫折容易受打击而产生放弃的念头，更有部分大学生听说创业艰难，便不再尝试了。

（7）长期以来的社会文化和商业交往习惯导致职场中人们潜意识中对年轻人缺乏信任，这种文化和心理因素将不利于大学生创业。

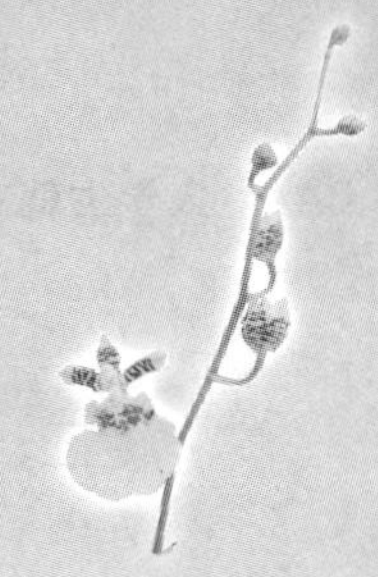

第五章

创业准备与实施

第一节　创业能力培养

创业活动是创业者利用多种资源来实现创业目标的过程，是一项复杂的系统性活动，会考验到创业者的多项综合能力，要求创业者能够及时解决创业中所面临的技术、经济、社会关系等问题。所以，一个成功的创业者，不仅要具有创业倾向，还要具备解决问题的能力，这也就是所谓的创业能力。

一、市场洞察能力

洞察能力是一种观察能力，在对同一种事物进行观察时，不同个体得出的观察结果各不相同。有的只是走马观花，视而不见；有的则是观察到事物现象的表面，而还有一部分人则能够透过现象看本质，独具慧眼，从核心内容中发现商机。我们将前者称之为观察能力，后者则称之为敏锐的市场洞察力。

市场洞察力是一种有目的、有计划、有步骤的创业感知活动，在创业实践过程中结合自身的认知和观察力获得创业创意的过程。创业者具有市场洞察力就是善于用发现的眼光去观察周边的事物，用创新式的思维去思考问题。从表面上看，一个成功的创业者似乎拥有超乎常人的洞察力，但是从本质上看，成功创业者的只是更善于发现和思考。

二、创业决断能力

创业决断能力体现在，当创业者在面对多个创业机会时如何去抉择。创业项目有很多，但是并非每一个项目都是适合自己，或是正确、优质的创业项目。所以，创业者在选择创业项目时，要善于对创业项目的市场环境作出分析。在不同的创业环境中，政治、经济、文化等各要素都相互关联、相互作用，任何创业项目都需要凭借全局性的战略眼光去看待。

在新生事物不断出现的今天，只有明白社会经济发展规律，并敏锐地分析各种市场信息，准确把握国家的政策法规，才能够正确地评估创业机会和创业方案。

三、网罗人才能力

创业者具有敏锐的市场洞察力和创业决断能力，是发现机会的人，也是制订计划的人，但是从总体上来说，无论创业者的能力多强大，都无法独自支撑整个创业项目的运营，所以就需要寻找合适的事业发展助手，保证创业项目各个环节的顺利运营，如技术专家、市场营销专家、财务主管专家等。此外，在创业初期，创业者还离不开企业外部各个机构的支持，如银行、风险投资机构，及政府机构等。所以，创业者还需要具备网罗人才的能力。

要网罗到合适的人才，并做到知人善用，以下几种能力是不可缺少的。

1. 鼓舞人心的力量

人们自身的努力因素固然重要，但是来自外界的鼓舞也不可小觑。有心理学家通过研究表明，当人们在获得别人的肯定，或是受到鼓舞时，其便会具有满足感，这成为他积极上进的原动力。在一个企业中，若领导层都能都用鼓励的方法去领导员工，其企业管理水平将会上升到一个更高的层次。

鼓舞员工可以提高员工的自信心，鼓舞可以促进员工按质按量地完成工作，鼓舞还是管理者个人修养和素质的一种体现，鼓舞可以树立管理者的个人威信，在员工心中形成可亲可敬的形象，鼓舞员工可以为企业创造良好的企业文化，在企业中有利于员工之间形成互勉互励的氛围。但鼓舞员工并非对员工的错误视而不见，可以在肯定他工作的同时，指出他的不足之处，这更容易让员工接受。

2. 亲和力

亲和力并非指表象上人与人之间距离的远近，而是人对人的一种尊重、认同，是心灵上的契合，是建立在平等待人的基础上的。

亲和力可以拉近管理者和员工心理上的距离，产生最大化的管理效能。提升亲和力首先要学会微笑，笑容真实自然，说话速度有意识放慢，亲和力自然就体现出来了。

3. 领导协调力

领导协调能力存在于各个领域，领导能力不仅是指引导员工，或是让员工服从。德鲁克基金会在《领导者的对话》中说道："领导能力是把握组织的使命，以及动员人们围绕这个使命奋斗的一种能力；领导力是怎样做人的艺术，而不是怎样做事的艺术，最终决定领导者的能力是个人的品质和个性。"

领导协调能力强的管理者更加善于发现员工的优势，并能够将他们的优势发挥到最大程度，从而推动企业发展。

4. 沟通能力

沟通能力包含了一个人的多种素质，如表达能力、倾听能力、设计能力等，其与一个人的知识、能力和品德息息相关。

提升沟通能力的技巧在于，认真倾听，不打断对方的谈话，眼神不闪躲；勇敢地讲出自己的内心感受、想法和期望；不恶语伤人；对事不对人；避免在有情绪时沟通；敢于承认自己的错误，敢于承担自己的责任；学会拒绝；不要陷入辩论中，注重自己的沟通风格。

5. 谈判能力

谈判能力是为了能够很好地完成谈判的特殊能力，其包括思维能力、观察能力、反应能力、表达能力。

要提高谈判能力，首先，在谈判前要制订客观性、全面性的谈判策略，充分预估谈判的难度，知道自己谈判的最终目标，灵活应变；其次，就事理论，对事不对人，谈判过程中积极寻找共同利益；最后，要善于利用心理策略，人的心理是行为的诱导，在谈判过程中认真耐心地倾听对方的话，观察对方的神态表情，并留心观察其细微动作，从心理学角度去分析对方的真实意图，识别其计谋和攻心术，防止掉入对方的谈判陷阱中。

四、创业管理能力

管理能力主要包括对人员、资金以及公司经营项目的管理，简单概括就是对人力、财力、物力的管理，这也是创业者所必须具备的一种能力。创业管理能力主要包括战略能力、计划能力、营销能力、理财能力、项目管理能力、时间管理能力等。

1. 战略能力

即指创业者能够从宏观角度出发，全面性、综合性地思考和规划企业的经营和管理，为未来的可持续发展作出长远性规划，思考自己如何组织才能有效地向客户传递信息，以及如何在本行业中做得更好、更突出。

2. 计划能力

在管理学中，计划具有两重含义：其一是计划工作，是指根据对组织外部环境与内部条件的分析，提出在未来一定时期内要达到的组织目标及实现目标的方法；其二是计划形式，是指用文字和指标等形式所表述的组织及组织内不同部门和不同成员，在未来一定时期内关于行动方向、内容的管理。

3. 营销能力

企业营销能力直接决定了企业能否在市场中长期生存和发展，主要表现在：能够开发许多隐藏的资产；能够通过策划和谈判，将无意向客户转化为优质客户；能够运用不同的销售渠道和销售方法，实现企业业绩的快速增长。

4. 理财能力

即指对钱财的管理、对资金支出的跟踪、对资金流的监控，同时根据市场风险和潜力来评估投资的能力。

5. 项目管理能力

即指在一项项目活动中，能够利用知识、技能、资源、工具等完成项目要求。从本质上来说，项目管理是面向目标的，所有的方法、行动都是为了目标而服务。

6. 时间管理能力

即有效地利用时间，通过事先规划并运用一定的方法实现对时间的灵活运用，以实现个人或组织的既定目标。

第二节 创业准备

创业是一个复杂而漫长的过程，其间会面临各种阻碍和困境，为了能够顺利创业、成功创业，就需要作好充分的准备，避免在创业过程中遇到突发状况时不知所措。

一、创业者必备的素质

创业者良好的个人素质是开展创业活动的必备条件，具体来说，创业者要获得成功，就需要具备以下基本素质。

1. 要有充沛的精力

比尔·盖茨曾说：“如果你正在考虑成立一家新公司，你应该首先明确地知道，创办公司需要巨大的精力投入，要冒巨大的风险。”创业者在创业过程中比一般人的工作时间要长，要想让企业顺利走向正轨，成功的创业至少需要5～7年时间。所以，创业者要比一般人更能持之以恒地为了实现目标而努力。

2. 有明确的目标且充满自信

明确的目标就是创业者奋斗的方向，有方向才会有动力。卡耐基曾对世界范围内一万多个不同种族、性别和年龄人群的人生目标进行调查，其结果显示：有明确人生目标且知道如何去实现的人仅占3%；97%的人要么没有人生目标，要么目标不确定，要么不知如何去实现。在相隔10年之后，卡耐基再次对他们进行了调查，结果显示：原先那97%的人，他们在事业上几乎没有突破性的发展，过着普通而平庸的生活；而有着明确人生目标的那3%的人，各自都在预定的目标行业中取得了卓越的成就，由此可以看出目标的重要性。

需要注意的是，在制定目标时，目标设定要结合自身实际情况量力而行，不可好高骛远，不切实际，也不能过低，使自身的能力和潜力无法充分发挥。

3. 要有积极的心态

创业过程中会面临着各种复杂的情况和困难，这就需要创业者随时保持积极、良好的心态，使创业者能够随时保持冷静、客观的思考状态。消极心态则会导致创业者不思进取、得过且过，一旦遭遇挫折就会丧失自信心，甚至会有放弃的想法出现。

4. 创造性解决问题的态度

常人在面对问题时所采用的解决方案通常都是保守性的，而创业者在解决问题时可尝试创造性的方法。在创新过程中，可以利用发散思维法、头脑风暴法、综合法、分解法、逆向思维法等方法去解决问题。

5. 敢于冒险的精神

创业者要做到有胆识、有眼光、有勇有谋、不安于现状，敢于冒险，

但是，这种冒险精神是建立在对风险的客观评估，以及资源可行的基础之上的，要最大限度地控制业务收益最大化、风险最小化。

6. 能够从失败中总结经验教训

有成功的创业就有失败的创业，创业活动本身具有许多不稳定因素，但失败并不可怕，可怕的是自此一蹶不振。创业过程中出现困难和失败都是不可避免的，创业者要在失败过程中吸取教训，总结经验，知道失败的原因，避免在下一次发生同样的问题。许多成功的创业者正是在一次又一次的失败中不断成长，最终取得成功的。

二、创业谋略

从古至今，谋略一直在各个领域产生影响，如政治、经济、外交、军事等都需要一定的谋略存在。而对于创业者来说，谋略对企业获得先机、实现发展目标、提升企业价值等都具有重要的指导意义。

1. 量力而行

从企业构成的主要框架来看，企业是由人才、产品、资金组成的。本着“有多大实力就做多大事”的观念，创业者在创业初期切不可过度举债经营，不要刚开始就要求自己“做大”，而是根据自身的资金实力，脚踏实地一步步经营，在获得一定利润后再逐渐扩大规模。

2. 选择适合自己的创业项目

只要具备了一定的条件，人人都可以创业，但是并非人人都能取得成功。成功的创业都有着一定的秘诀，其中最为重要的就是选择适合自己的创业项目。在决定之前，先对自己做一个测试，了解自己在哪一方面更具有创意和潜力；哪一方面的事业更能够吸引自己的注意力，能够鞭策自己奋往直前。一旦做好选择，就开始一步步执行，朝着成功的方向迈进。

3. 作好规划

企业发展规划不仅要规划短时期内的计划，还要作出更稳定、更长远的长期规划。精细的规划往往会针对创业过程中可能出现的各类问题展开，从而有效地避免这些潜在的风险。

4. 生存发展

企业应当先求生存，再求发展，不能好高骛远、贪图业绩、不顾风险，一定要重视经营体制，步步为营。

5. 集中力量

在创业初期，公司应当按照精简原则，缩减不必要的经费支出和岗位设置，脚踏实地做事，不追求表面的浮华。

6. 寻求合作

创业初期自身企业能力和业务范围有限，所以需要寻找良好的合作伙伴，或是与同类型小企业结为联盟，在推销自身产品时，可以利用其他产品来增加吸引力，满足顾客的多方面需求，同时提升自己的竞争力和收益。

7. 适时规划

经营理念、经营方针、经营策略等都需要预先作好详细的规划和准备。

三、创业实务知识

1. 工商税务知识

（1）工商登记

工商登记是国家对申请人进入市场的条件进行审查，通过注册、登记，确认申请人从事市场经营活动的资格，使其获得实际营业权。申办公司，首先要提交开办公司的申请报告，报告要写明开办公司的名称、地址、组建负责人姓名、公司性质、生产经营范围、生产经营方式、公司总金额、职工人数、筹建日期等内容。在审批通过后即可领取营业执照，这就意味着公司取得了法人资格，同时也取得了专用权和生产经营权。

（2）税务登记

守法经营、依法纳税是每个公民应尽的义务，为了保证生产经营活动的顺利进行，生产经营者需要在领取营业执照之日起 30 天内，到税务机关进行税务登记。

2. 经济法律知识

（1）个人独资企业

即由个人出资经营、归个人所有和控制、由个人承担经营风险，以及享有企业的全部经营收益。这是最简单的一种企业组织形式，在经营和管理方面都较为灵活，法人可以根据自己的想法来确定公司的经营策略，但是在现代经济社会中，个人独资企业缺乏一定的可靠性，企业能否存续完全取决于企业主个人的得失安危。

（2）合伙企业

合伙企业就是指由合伙人签订合伙协议，共同出资，共同经营，共享收益，共担风险，是对企业债务承担无限连带责任的营利性组织。在成立合伙企业时，为了避免日后出现经济纠纷，在成立前，合伙人之间可以先签订合伙协议，也称为合伙契约或合伙章程，其性质与公司章程一样，对合伙成员均有法律效力。

3. 其他知识

除了上述方面的知识外，创业者还要学习企业创办的其他相关知识，如金融保险知识、财务管理知识等。此外，创业初期的公司规模通常都不大，为了节省人力与财力方面的支出，可以将人事、财务等的工作外包给一些有资质的中介机构。

第三节　创业理念

创业是人生中的一个重大决策，这一决策一旦开始执行，创业者必定会对未来充满了激情和憧憬，但是在实践的过程中，也难免会遇到风险和挑战。从多项数据调查报告可以看出，在大学生创业中，失败的比例较高。但是，即便如此，仍然有很多毕业生坚持选择自主创业，那么，促使他们坚定创业之路的原因是什么？哪一种人群更容易创业成功呢？

一、SOHO 一族

SOHO 是 Small Office Home Office 的缩写，意思是小型办公室、家庭办公室，指那些专门的自由职业者，如自由翻译人、自由撰稿人、平面设计师、工艺品设计人员、艺术家、音乐创作人、产品销售员、广告制作、服装设计、商务代理等。

现如今，SOHO 一词的定义与概念已经更为广泛，其成为自由而富有弹性的新型的生活和工作方式，代表着前卫的生产力和活跃的新经济。专指能够按照自己的兴趣和爱好选择工作，不受时间和地点约束，不受发展空间限制的白领一族。这种工作方式吸引了越来越多的青年人加入其中，他们的才华得到了充分展露。

这种工作方式已经逐渐成为世界性的趋势，在美国，有 1/5 的人都是 SOHO 族，且每年都在以 5%的速度不断增长。日本、韩国等也都鼓励当地人创办 SOHO 型公司。还有许多网页专门设置了 SOHO 专栏，分享 SOHO 公司成功创办的实例，为 SOHO 同行提供信息交换的场所，同时还提供一些创办 SOHO 公司的指南。

二、创业成功的必备素质

1. 自信

自信是获得成功的基石，创业者要坚信自己的理想和选择，并为之不断努力，即便身处逆境，也不能丧失自信心，但是需要从误区中走出来的是，并非有了自信心就一定能够获得成功，创业者不能因为自信满满而不去做出实质性的行动。自信是获得成功的重要因素，但不是唯一因素，成功还与个人的先天条件、个人努力、后天环境等息息相关。

2. 务实

务实就是指创业者致力于具体的事情，实实在在做事，讲究实际。创业者在创业过程中不能眼高手低或是异想天开，不能对理想目标高谈阔论而不去实践。创业项目不一定是宏大的、高科技的商业计划，许多传统行业也是具有商业前景的。只要自己能够做到务实，就能够将自己选择的项目发展得更好。务实是创业者的一种态度，是创业成功的基本出发点。

在这一方面，全球最大家具家居用品商家宜家的创始人英格瓦·坎普拉德就是从传统行业做起，凭着务实的态度，最终取得成功。

宜家公司的创始人英格瓦.坎普拉德，善于观察、思考，在任何时候都能找到商机。

1948 年的一天，坎普拉德看到了一直在做家具大买卖的人的广告，心里怦然一动。在这之前，坎普拉德卖过圣诞卡、种子、自来水笔、相架、手表、钱包、尼龙袜。开始卖家具的坎普拉德同所有的零售商一样，非常注意对成本的控制。为了降低成本，坎普拉德从不惜在设计上下功夫。

以宜家的邦格咖啡杯为例，这款咖啡杯至今已进行了三次设计，只是为了能在一个货盘上多装一些。经过三次设计后，一个货盘上能装的咖啡杯数量分别为 864 个、1280 个和 2024 个。由此而诞生的自组式家具，成了宜家成功的秘密之一，这种模式如今越来越多地被国内企业家所效仿。

3. 知识

知识是没有尽头的，我们在校园内所获得的知识仅仅只是人生中很小一部分，要让自己有更好的发展，能够在复杂的市场环境中生存，就需要不断充实自己，扩充自己的知识深度和广度，这样才能在竞争激烈的社会中站稳脚跟。

当今社会是人才的社会，人才推动着社会发展，人才也是企业发展的内在驱动力，企业与企业之间的竞争，归根结底是人才的竞争。在这一情形中，若单纯地只依靠在校期间学得的知识，是远远不够的。社会在进步，人才的知识水平也需要不断地提升，拥有了丰富的知识，才能在社会竞争中多一些机会和优势。所以说，知识的学习是贯穿整个职业生涯的。

知识的不断更新是创业的基础，创业不仅需要专业的知识背景，更需要创业者有强烈的探索求知欲，具有较强的工作能力和不断学习的能力，这样才能促使自己和企业同步前进。

4. 勇气

勇气可以让我们在面对困难时冷静去面对，并想方设法克服它，这样，创业才能取得成功。但是需要区别的是，勇气并非无所畏惧，是需要在规避风险，保障企业运营安全时所作出的一系列举措。若不管不顾地勇往直前，则属于一种冲动的行为。

5. 积极

机会常常会出现，但是并非每一次都能够被人发现，发现创业的机会需要有积极的心态。

有一家大型企业，为了扩大经营规模，同时招揽优质人才，便决定高薪招聘业务员，同时出了一道考题——想办法将木梳卖给和尚。

绝大多数应聘者在面对这一考题时都感到疑惑不解，甚至反感：一个和尚要梳子有什么用？这不仅销售不成功，反倒有嘲弄的意味。很多面试者纷纷拂袖而去，最后仅剩下 3 个应聘者：甲、乙、丙。

主试者交代：“以 10 日为限，届时向我汇报销售成果。”

10 天期限一到，主试者问甲：“卖出多少把？”答：“1 把。”“怎么卖的？”

甲讲述了其历尽的艰辛，游说和尚应当买把梳子，设计的效果，还惨遭和尚的责骂，好在下山途中遇到一个小和尚一边晒太阳一边使劲挠着头皮。甲灵机一动，递上木梳，小和尚用后满心欢喜，于是买下一把。

主试者问乙："卖出多少把？"答："10把。""怎么卖的？"

乙说他去了一座名山古寺，由于山高风大，进香者的头发都被吹乱了，他找到寺院的住持说："蓬头垢面是对佛的不敬。应在每座庙的香案前放把木梳，供善男信女梳理鬓发。"住持采纳了他的建议。那座山有10座庙，于是买下了10把木梳。

主试者问丙："卖出多少把？"答："1000把。"

主试者惊问："怎么卖的？"

丙说他到一个颇具盛名、香火极旺的深山宝刹，朝圣者、施主络绎不绝。

丙对住持说："凡来进香参观者，多有一颗虔诚之心，宝刹应有所回赠以作为纪念，保佑其平安吉祥，鼓励其多做善事。我有一批木梳，您的书法超群，可刻上'积善梳'3个字，便可做赠品。"住持大喜，立即买下1000把木梳。

得到"积善梳"的施主与香客也非常高兴，一传十、十传百，朝圣者更多，香火更旺。

在这一案例中，从表面上看，将木梳销售给和尚近乎不可能，但是应聘者"丙"能够以积极的态度去发掘新市场，因此获得了商机。

第四节　制订创业计划

在管理学中，计划，一方面是指计划性的工作，即根据组织外部环境与内部条件的分析，提出在未来一定时期内所要达到的目标，以及实现目标的方式和途径；另一方面是指计划形式，即用文字或指标的形式。

创业计划就是预先性地将创业过程以完整的形式表达出来，对正式的创业活动作出科学的规划和设计。创业计划是根据创业运营原理和企业创业经验，同时结合自身的实际情况，整理出的一套全面的、渐进的程序和方法，并分阶段、分步骤地去实现。

一、创业计划

在制订创业计划时，要将创业目标分解为多个小目标逐一实现，这样才能分时期、分阶段地将不同任务完成，提高创业效率。所以，计划的制订对创业发展是具有重要意义的。

1. 制订创业计划，能够对企业未来的发展方向进行科学的规划。在制订计划过程中，要广泛调查研究、收集相关信息，汲取其他人的创业经验，从获得的信息中客观地审视创业构想的过程，趋利避害，对创业者实现创业目标具有前瞻性作用。

2. 制订创业计划可以展示创业者的能力和决心。一份好的创业计划同时也是一份创业的可行性报告，计划的确定是建立在创业者对同类型企业了解和调查研究基础之上的，也是建立在创业条件和能力分析基础之上的，所以其本身就是创业者能力和决心的体现。

3. 一份科学、完善的创业计划可以极大地提高创业成功率。创业计划中应当包含创业目标、创业措施等详细内容，在创业过程中将每个计划逐项完成，达成目标，落实措施，提高创业成功率。

4. 制定创业计划可以使创业工作有序进展。创业计划是创业者创业思维和经营策略的一种反映，创业过程中在哪一个阶段完成哪一个目标，都是按计划进行的，可以使创业工作更具实效。

从本质上来看，创业即实践活动，是按照创业者的思想和预定目标去进行的，根据不同的标准，创业计划具体可以分为不同的种类。

1. 以时间为标准

在以时间为标准的基础上，创业计划可以分为短期计划、中期计划、长期计划。短期计划即短阶段内对需要完成的创业内容、目标以及要达到的效果均作出明确规定，具有阶段性特点。中期计划具有简短而又具体的特点，对时间安排、创业活动内容、创业的具体实施步骤都有明确的规定。长期计划则是一种战略性计划，是从宏观角度上，对创业活动作出整体性、系统性的安排，具有战略性、纲领性的指导意义。

2. 以创业内容为标准

在以创业内容为标准的基础上，创业计划可以分为经营计划与创建计划。经营计划是根据创业目标和创业内容的要求，明确创业过程中要做什么、怎么做、如何做好，涉及企业营运实务的方方面面，为创业者的日常工作作出指导，保障创业目标的有效实现。创建计划则是指将自己的创业构想变成创业实际活动，按照经营计划去运营。

二、创业计划书

简单来说，创业计划书就是创业者的想法，是以文本为载体的一种书面摘要。创业计划书质量的高低，直接决定了投资者是否愿意投资或是给予其他支持。所以，一份优秀的创业计划书可以让创业者的创业活动达到事半功倍的效果。

在书写创业计划书时，要根据创业计划书不同的阅读对象，按不同的角度和目的来书写。通常来说，创业计划书的组成部分与内容一般如下。

1. 创业计划书的组成部分

（1）事业描述。即创业所从事的行业，所针对的客户群，企业是独资形式还是合伙形式等。

（2）产品（服务）。描述创业产品或是服务行业的特色之处，与市场同类型行业相比，其优势在哪里。

（3）市场。即怎样上市、促销、定价等，并做好预算。

（4）地点。即公司所选地址。

（5）竞争。所确定的目标是哪一种，谁是与自己最接近的竞争者，对方的业务水平如何，对方与本公司业务相似程度如何，对方的优势是什么，有无可取之处，如何做得比同类行业要好等。

（6）管理办法。即针对公司的运营、人事、奖惩等方面，制订出清晰的规章制度。根据相关调查数据，中小企业失败原因中98%来自于管理的缺失，其中45%是由于管理缺乏竞争力。

（7）人事。即需要引进的人才类型，人才需要具备哪些专业技术，全职或是兼职，薪资报酬的具体计算方法、人事成本等。

（8）财务。即公司融资款项的途径和运用、营运资金周转等，并对未来3年的损益、资产负债、现金流量作出具体的预测。

（9）风险评估。预测公司在经营过程中的各个方面可能出现的突发事件，并做出具体的应对措施。

（10）成长与发展。分阶段、分时间对公司未来的发展作出展望，要让企业能够持续经营，就需要作出多元化的规划。

2. 创业计划书的内容

通常情况下，创业计划书的内容应当包含创业种类、资金规划、基金来源、资金总额的分配比例、阶段目标、财务预估、行销策略、风险评估、创业动机、股东名册、预定员工人数等。

（1）封面介绍。封面是一种直观的呈现，在设计时要做到美观、艺术。

（2）计划摘要。即创业计划要点、公司介绍、管理者及其组织、主要产品及业务范围、市场概貌、营销策略、销售计划、生产管理计划、财务计划、资金需求状况等。

（3）企业介绍。对公司情况作出整体性介绍，如公司经营理念、公司制订的战略目标等。

（4）行业分析。该行业发展程度如何，发展动态如何，该行业的总销售额有多少，发展趋势如何，经济发展对该行业的影响程度如何，政府是如何影响该行业的，是什么因素决定着它的发展，竞争本质是什么，进入该行业的障碍是什么，该采取什么样的措施去克服，该行业典型的回报率是多少等。

（5）产品介绍。即产品的概念、性能、特征、竞争力、研究和开发过程、前景预测、品牌和专利等。

（6）组织结构。即人力资源管理、技术管理、财务管理、作业管理、

产品管理等。

（7）市场预测。对市场需求预测、竞争企业概览、目标顾客和目标市场、本企业产品的市场地位等。

（8）营销策略。即市场机构和营销渠道的选择、营销队伍的管理、促销计划和广告策略、价格决策等。

（9）制造计划。即产品制造和技术设备现状、新产品投产计划、技术提升和设备更新的要求、质量控制和质量改进计划。

（10）财务规划。即现金流量表、资产负债表、损益表的制备。

（11）风险管理。即公司在市场、竞争和技术等方面存在哪些基本风险、准备如何应对这些风险、公司还有哪些附加机会等。

三、创业初期的关键问题

创业初期会面临各种问题和压力，由于日常事务繁琐，以及创业者的实际经验有限，所以很容易产生其他想法，如新增一些产品或服务，重新进入一个新的市场等，这是一种盲目冲动的行为。创业者应当在创业初期保持坚定的信心，将自己所作的创业计划坚持至少 3 个月甚至更长的时间，在这一段时间中更好地探索自己的企业模式。

在创业过程中，保持高度热情的方法包括有效安排时间、从消费者的角度去对企业的产品和服务进行改进、格外重视与市场的联系等。

1. 规划时间

每个人的时间和精力都是有限的，所以就需要对时间进行合理的规划，确保在企业运营的每个环节都有精力投入，且主次分明，这是创业者对企业最好的投资。

2. 根据需要更新计划

创业过程中要按计划行事，无论是作出的必要调整还是临时性调整，其创业计划的主旨都不应发生改变。为了抓住机会，或给企业引入新的资金而改变创业计划，都有可能给企业运营带来不确定风险，要尽量避免。

3. 总结

成功的企业应当包括以下因素。

（1）用科学的数据和信息来平衡自己的知觉和预感。

（2）客户的兴趣、关心的事情高于一切。

（3）作好计划，在满足顾客需求的同时获得利润。

（4）执行计划。

（5）适应变化。

在创业过程中获得成功，企业必须朝着对自身发展有利的方向前进。随着企业发展、经济和竞争环境的变化，创业者在创业过程中会面临各种挑战，创业者的分析能力又会约束和规范其创造性，摸索出适合自己的经营业务。

第五节 创业实施

创业实施是一个实践过程，也是一个动态发展过程，是将创业的蓝图转化为实践的过程。创业实施是整个创业活动的主导因素和核心环节，其他创业活动都是围绕创业实施展开的，其直接决定了创业的成败。

一、开业准备

企业的诞生是随着创业者的创新思维而开始的，在准备开业前，首先需要进行一系列实际性的准备工作。

1. 场地的租赁

场所地址是企业经营的物质基础，场地的选择与企业的经营内容、规模等相关，不同地区对区域性的限制以及对经营许可证的要求都有所不同。因此，企业在选址时应当认真调研。

以零售类公司为例，一般的房租＝场地费＋广告费。场地费是房租、抵押金、公共事业费、房屋维修费、一般装饰费、保安费、保险费及所有相

关费用的总和。也有些场所的租金较高，但是其他综合费用较低。通常情况下，场地开销越多，广告费用越少，这是一种较为稳妥的场地租赁选择方法。

2. 设备的购置

设备是企业经营的必要设施，是企业中所需的硬件装置总称，是企业技术应用的重要载体，是企业从事生产经营的物质基础。创业者在购置设备时要根据自身的经济实力来置办生产设备和办公设备等。若资金尚不充足，也可以采取租赁或分期付款的方式来解决设备需求问题。企业设备状态的好坏，直接影响了企业的正常运行和企业经济效益，且对企业的形象也有一定的影响。所以，创业者在创业初期，要综合各方面因素来购置企业设备，确保为企业带来明显的经济收益。在作出最终的购置决定之前，要"货比三家"，实地考察设备生产厂家，考察设备的先进性、性能、价格、可靠性、节能性、环保性等，最为重要的是考虑其售后服务情况。

3. 资金的筹措

资金是创业活动顺利开展的重要保障，也可以说，企业的运作过程实际上就是资金的运作过程。有资金作为基础保障，创业活动才能顺利推进，但是对于初创者来说，最难的也就是"第一桶金"的获得。

4. 人员的招聘

选择合适的人员能够为企业的经营和发展增添力量和生机，若存在不合适的人员，则无法使企业的运营取得良好的成绩，甚至还会导致公司经营失败。因此，优质人员的招聘对企业发展尤为重要。

一般在开业前一个月，公司就要开始人员招聘工作。人员招聘是一个持续性的过程，有可能短时间内无法遇到合适的人，要经过不断的筛选才能招到合适的人。人员招聘的环节也较多，包括确定招聘计划、发布招聘信息、接待和甄别应聘人员、发出录用通知书、录用备案就业登记、评价招聘效益等。总体来说，招聘员工需要注意以下五个方面的问题。

（1）准备充足

人员招聘的内容应当包括招聘的目的、应聘职务描述、人员的标准和条件、招聘对象的来源、招聘信息的传播方式、招聘组织人员、招聘时间、新员工进入企业时间、招聘预算经费等。

（2）发布信息

通过多渠道来发布招聘信息，从而吸引到人员前来应聘。针对不同的岗位和招聘对象，要选择合适有效的发布渠道和传播方式。

（3）筛选简历

对简历的筛选也就是对应聘者选拔的过程。首先是对申请表的审查，以最低标准来筛选符合应聘条件的人员；其次安排应聘者面试，在应聘的交谈过程中了解应聘者信息，再择优选出合适的应聘人员，接受主管经理或高级行政管理人员的面谈；最后通知被录用者做健康体检。

（4）面试聘用

应聘者在被聘为员工后，需要向员工申明企业的宗旨、规章制度和员工守则、各职级的责任、企业生产运作的方式等，同时签订雇佣劳动合同。

（5）录用备案、就业登记和终止或解除劳动关系备案

员工自录用之日起 30 日内，人事部门需要到当地劳动保障行政部门办理录用备案手续，并为员工进行就业登记。与员工终止或解除劳动关系后，应当在 7 日之内到当地劳动保障行政部门办理备案手续。

招聘环节完成之后，创业者应当对招聘计划及过程给予总结和评价，对招聘成本的核算以及录用人员予以评估。随着企业的不断发展，人员也会出现不断的变化，企业更换或补充人员，也是保持组织活力的重要手段。

二、开业登记

在作好一系列准备工作之后，就要开始向工商行政机关登记注册，完成注册后即可正式开业。开业登记有以下两个基本要求。

1. 开业者要符合国家规定的开业条件

根据《中华人民共和国企业法人登记管理条例》（以下简称《条例》）和《中华人民共和国企业法人登记管理条例施行细则》规定，申请企业法人登记的单位应当具备下列条件。

（1）有符合规定的名称和章程。

（2）有国家授予的企业经营管理的财产或者企业所有的财产，并能够以其财产独立承担民事责任。

（3）有与生产经营规模相适应的经营管理机构、财务机构、劳动组织以及依法律或者章程规定必须建立的其他机构。

（4）有必要的并与经营范围相适应的经营场所和设施。

（5）有与生产经营规模和业务相适应的从业人员，其中专职人员不得少于 8 人。

（6）有健全的财会制度，能够实行独立核算，自负盈亏，能独立编制资金平衡表或者资产负债表。

（7）有符合规定数额并与经营范围相适应的注册资金，国家对企业注册资金数额有专项规定的按规定执行。

（8）有符合国家法律、法规和政策规定的经营范围。

（9）法律、法规规定的其他条件。

2. 申请企业法人开业登记

应当提交下列文件、证件。

（1）企业负责人签署的登记申请书。

（2）主管部门或者审批机关的批准文件。

（3）企业章程。

（4）资金信用证明、验资证明或者资金担保。

（5）企业主要负责人的身份证明。

（6）住所和经营场所使用证明。

（7）其他有关文件、证件。

创业者申请企业法人登记，应按《条例》规定提交文件、证件。经登记主管机关核准登记注册，领取“企业法人营业执照”或“营业执照”，基本程序是：

（1）登记主管机关根据企业申请和开展经营活动的需要，可以核发执照副本若干份。执照的正本和副本同样具有法律效力，正本应悬挂在主要办事场所或者主要经营场所，电子营业执照与纸质营业执照具有同等法律效力。创业者如果需要进行基本建设，还需向登记主管机关申请筹建登记，并领取“筹建许可证”。

（2）进行企业代码登记，刻公章，开设银行账号。

（3）办理税务登记，领取税务登记证和发票，此项工作必须在领取“企业法人营业执照”后30日内完成。

（4）办理各种社会保险统筹及就业证。

需要向创业者指出的是，企业一旦经核准登记，发给营业执照后，即产生了以下法律效力。

（1）取得合法地位。

（2）取得企业名称的专用权。

（3）取得进入生产经营的活动权和承担的义务。

（4）接受登记主管机关的监督检查。如果企业未核准登记，一律不准开业，不得私刻公章、签订合同、注册商标、刊登广告，也不能在银行以企业名义设立账户。

三、企业运作

企业运作分为内部运作和外部运作。

1. 内部运作包括以下三个层面

（1）企业的基础功能运作技术和开发、生产管理、销售管理，是企业从产品或服务的产生，一直到在顾客群中产生实际效用的过程，解决的是企业做什么的问题。

（2）领导实践、人力资源、结构和流程，是在确保产品能够做好，且能在生产成本、公关成本、人力的一定条件下完成，以此来保证企业通过产品的销售，取得满意的收益，解决的是企业怎么做的问题。

（3）企业文化和愿景、使命、策略，这是企业长期发展的方向和策略问题，以及如何实现这一企业文化目标的建设问题，解决的是企业快速成长的问题。

2. 外部运作

外部协作主要是指市场导向、评估控制、顾客服务、公共关系四个方面，所解决的问题分别是：企业为谁服务以及用什么来服务，如何确保企业员工所做的、顾客需求的、企业目标三者之间达成一致，如何确保服务质量不断提高，如何确保企业行为与股东利益保持一致，与政府要求和社会期望相符合等。

四、有效管理

有效的管理就是将自己的时间和精力放在类型性问题的思考、流程的设计上。

现代管理学之父彼得•德鲁克认为，一个卓有成效的管理者一般具有 6 个特征。

（1）重视目标和绩效，只做正确的事情。

（2）一次只做一件事情，并只做最重要的事情；审慎设定自己的优先顺序，随时进行必要的检讨，抛弃过时的任务，或者推迟做次要的任务。

（3）构建远景和理念，激励他人作出各自的贡献，提高整体的绩效；建立一个有绩效的团队。

（4）在选用高层管理者时，注重出色的绩效和正直的品格。

（5）增进沟通，有选择性地收集所需要的信息。

（6）只作有效的决策。

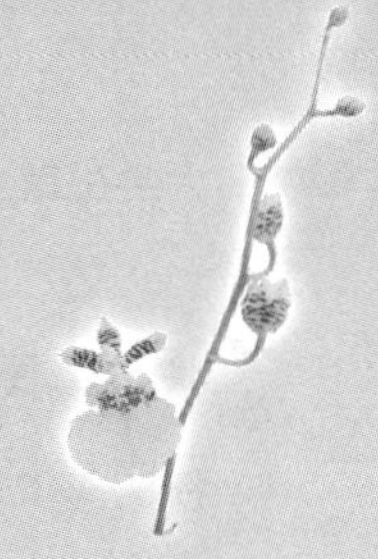

第六章

当下大学生创新创业与就业

第一节　当下大学生创新创业的影响因素

大学生创新创业教育所面临的主要形势有五个方面：第一，自主创业环境不理想；第二，缺乏启动资金；第三，大学生创业能力有待提高；第四，社会、家庭支持力度不够；第五，缺乏合适的创业项目。

对于大多数大学生来说，创业并不仅仅只是为了生存，而是大学生实现自我价值的一种方式和途径。从现阶段来看，大学生还处于由理论到实践、从求知到创业的转折时期，大学生创新创业也逐渐被社会所关注，无论对大学生个人还是社会来说，都将会产生重大的影响。但是，从本质上看，创业活动是一项挑战性极高的社会实践活动，在考验大学生的知识基础和技能水平时，对其气魄胆识、思维能力、心理因素等也有综合性考察。此外，大学生自主创业能力还受到家庭、学校、社会，以及亲朋好友等因素的影响，总的来说可以分为四类影响，即学生个人背景、个人特质、创业综合素质、创业环境。

一、个人背景对其创业的影响

个人背景对个人价值观的形成具有重要影响，对大学生的创业价值观有着直接影响。在社会大环境中，个体不断接收到社会各方面的信息，如从人们一出生，首先接触到的就是家庭以及家庭周边的社会环境，如人文地理、民风习俗等。由于每个人的家庭背景、社会关系、经济情况等都具有明显的差异性，所以在后天所接受的教育培养也各不相同，因此便形成了个体之间不同的价值观。在初步形成了个人价值观之后，随着年龄的增长，置身的外界环境不断变化，以及自身社会阅历的不断丰富和受教育程度的不断加深，个体对外界的判断和评价也在不断发生改变。

当成为大学生后，大学生个体之间又存在着专业、学历的差别，这些差异性因素经过大脑的加工之后又形成了不同的观念，每个大学生的价值观因此发生了显著的变化。个体之间价值观的差异主要包括两个方面：第一是对自身价值观的定位，如对物质财富的评价和追求、对个人需要的定位与满足、对社会关系的认知和建立、对个人权利与欲望的追求、对个人成就的渴望、对社会地位的向往、对社会认同的期待、对个体思想的追求等；第二是个人的社会价值定位，即个体对他人、国家、社会等方面的付出意愿。

对大学生创业价值观和创业实践活动起着不同程度影响的因素是多方面的，如家庭背景、学习环境、专业特长、从业结构等，这些都会对学生在创业的意向和态度上产生直接影响。

（一）个人特质对其创业的影响

在过去的研究中，学者们会认定创业者这一群体是拥有特定的个人特质的，这一特质对创业者有着直接推动作用。美国国际开发署调研发现，创业者的特质体现在 14 个方面——积极主动、执着、注重效率、关心质量、预测风险、有独创的解决问题的方法、发现和利用机会、有说服力、亲自寻找信息、系统的计划、履行合同、有决断力、有信心、使用有影响的策略。有部分学者在研究和验证创业目标和个性特征两者之间的关系时指出，拥有不同创业动机的大学生在个人特质上存在着较为明显的差异。还有部分学者认为，大学生的创业行为会受到控制源、成就需要、风险取向、精力水平、需要、自主水平、个体自我控制和思想等因素的影响。

（二）创业综合素质对其创业的影响

大学生创业的综合素质主要体现在五个方面，即创业意识、创业精神、创业知识、创业能力、创业思维，是在具体的创业活动中所呈现出的一种能力。

1. 创业意识

创业意识是个体的一种内在驱动力，是创业者根据自身的发展需要所引发的创业动机或愿望。创业意识是市场经济的法律规范、主体市场的预测分析在思维意识中形成的一种价值追求，是创业者素质中一个重要的要素。创业意识可以提高创业者的创业认识，是创业行动的精神动力。

2. 创业精神

创业精神是创业者的一系列主观意识，如创业者的思想、个性、品德等，其中最重要的要素是要充满积极性，对未来有激情和斗志，具有领导魄力，在面对问题和困境时不慌乱，拥有良好的心理素质、合作精神、冒险精神、竞争精神等。

3. 创业知识

创业知识一般是指与创业相关的基础知识，如商业知识、市场运作、法律法规等方面的知识。此外，还有创业相关的专业知识，如大学生在校期间的专业课程，如经济学、市场营销学、管理学、人力资源管理、会计、财务管理、商法、税法、公司法等。

4. 创业能力

创业能力对创业项目的成功具有决定性作用，主要表现在，创业者在解决问题和困境时，能够灵活地运用自身的知识和技能去处理。因此，创业能力是一种综合能力的表现，在创业过程中具有非常重要的作用，其对创业项目的可持续发展有着决定性作用。

5. 创业思维

创业思维具体就是指，创业者在创业过程中面临困难和阻碍时，能够运用创造性的方法去解决和处理，并理性地筹划未来的发展。创业思维主要包括有系统思维、发散思维、创新思维、逆向思维等。此外，创业者的创业思维还会受到外在宏观经济的影响，如政府的支持政策与倾向、当地经济发展水平和生活水平，以及当地的生态环境、信息环境、创新文化等。

二、创业环境对大学生创业的影响

环境能够对个体的行为起到无形的影响，同样，创业环境对大学生的创业行为也有着间接的影响。大学生的创业环境主要是指两个方面：一方面是软环境，即国家针对大学生创业活动所出台的一系列相关优惠政策法规和措施；另一方面是硬性环境，即大学生从风险投资机构中所能够获得的创业支持，这些外界环境因素都是构成大学生创业动力的基础。

（一）教育环境的影响

高校是大学生接受教育的主要场所，高校拥有许多无形的资产优势和品牌效应，为大学生的创业奠定了一定的基础。在市场运作中，不同的高校具有不同程度的信誉度和社会影响力，大学生创业产品就更能够被客户认可，产生品牌效应，而大学科技园对于推动高新科技的发展，以及高新技术人才的培养都有重要的作用。

要积极拓展大学生的创业路径，就要在高校中培养具有创新创业精神和能力的人才，将他们培养成具有创新创业能力的一流人才，这是当今高等教育所面临的挑战和责任，同时也是高等院校教育发展的一个良好契机。高校创新创业教育主要是对创业技能和创业精神的教育，创业技能的教育主要是在专门的课堂教学中所教导的技术性知识，是为了提高大学生创业的成功和效率。我国开展创新创业教育的时间较短，近年来，越来越多的大学生面临着就业难的问题，创新创业教育便开始得到了更多的

关注。对于大学生来说，创业也是一条出路，高校还提供了专门的创业教育服务。

长期以来，我国一直实施应试教育模式，使得学生的个性没有得到自由发展，其创新意识也是也相对匮乏，在就业方面也基本抱着安稳的态度，对创业活动不敢做出大胆的尝试，因此在高校中实施创新创业教育，能够给大学生提供更多实现自我价值的途径，使大学生的未来充满更多可能。

对此，我国高校的教育应当快速地做出改革创新，培养创新型的高素质人才，为社会输送优质人才。从创新创业教育的本质来看，其是对大学生创新创业素质的提高，即让学生了解到，什么是创新创业，如何创新创业，怎样创新创业。创业教育的非功利性应当体现为“揭示创业的一般规律，传承创业的基本原理与方法，培养学生的企业家素质，而并非以岗位职业培训为核心，或是以企业家速成为目标”。创新创业教育的开展要根据学生的专业特长来授课，同时不能忽略学生的品质培养，要让他们在进入社会后有良好的适应能力，在社会中实现自主创新创业和自我发展。所以，建立符合创新创业人才培养的教学体系和管理体系才是正确出路。

（二）社会环境的影响

社会环境影响着每一个人，对大学生创业的影响主要表现在两个方面：一方面是无论在硬性环境还是在软性环境上，都为大学生提供了良好的条件；另一方面，在舆论方面为大学生营造了一个良好的氛围。软性环境主要是指与大学生创业相关的政策环境、法律环境、商业环境；硬性环境则是指风险投资机构对大学生创业项目的关注和支持。对于大学生创业行为来说，社会的看法和评断，不仅会影响大学生的择业标准，还影响到大学生创业的成功概率。

近年来，社会各个领域和新闻媒体都对大学生自主创业高度关注，并对此作出了不同的评论和宣传，其中就出现了一些误区，如对大学生自主创业过度吹捧，或是过度唱衰，这都是过于片面的评判，没有做到正确、正面的评价。

大学生创业所选定的行业，其发展空间应当与社会、政府对个体支持的影响有着直接关系，还要与大学生创业意愿和创业成功因素有着正比关系。

（三）家庭环境的影响

家庭环境对一个人的影响是非常大的，成长在不同家庭环境中的个体所表现出的价值观、人生观、世界观、品质、个性、爱好等，都有着明显的差异。有专家研究发现，家庭成员和朋友中有过创业经历，或是正在创业的，对大学生的创业态度、职业规划都起着积极的引导作用，能够直接或间接地推动大学生的创业行为。此外，大学生在表现出创业意愿后，家庭成员所表现出来的态度也关系着大学生创业之路能否走向成功。

第二节　当下大学生创新创业的路径选择

一、大学生创新创业路径培育

我国经济发展目前处于转型升级的关键时期，大学生创新创业教育已然成为当今社会发展的需求。

（一）大学生创业的现实需求

1. 大学生创业是经济平稳转型的形势所需

在经济转型的关键阶段，我国对人才的需求是迫切的，创新型的人才更是难能可贵，因而就需要高校对创新创业教育给予重点关注。具体来说，不同地区的高校在培养创新型人才时，可以结合当地市场要求，顺势而变，

培养出具有当地特色的创新创业高技能人才，让更多大学生具有创业意愿，喜欢创业，形成创新创业的良好氛围。在全球范围来看，创新创业教育已经成为各个国家推动社会经济发展不竭的内在动力，是增强国家经济实力、解决社会就业问题的一计良策。

2. 大学生创新创业教育已成为高等教育改革的必然趋势

早在 1998 年，在世界高等教育会议中就强调指出："高等学校，必须将创业技能和创业精神作为高等教育的基本目标，要使大学生不仅成为求职者，还要使其逐渐成为工作岗位的创造者。"

社会对创新型人才是极度需要的，这也使得高校教育的改革进一步加速，创新创业教育是一个有力的突破口。

3. 创业成为大学生自我发展的需要

当代大学生是社会主义现代化建设的接班者和建设者，他们实现自我价值的意识非常强烈，他们更为迫切地想为国家建设作出自己的贡献，而创业就是最具有价值的舞台之一。通过创业，大学生可以将自身的知识和能力充分展示出来，为社会创造更多价值，促进社会的和谐稳定发展，同时也实现了自己的人生价值。

（二）基于互联网环境下大学生创新创业路径培育

互联网在当今社会中已经遍布存在于人们生活和工作中的各个环节，对创新创业教育也起到了重要的作用，成为高等教育改革的重要突破口。基于"互联网+"技术构建的高校创业教育体系，其内部是一个周而复始、循序渐进的过程，具体如图 6-1 所示。

1. 基于互联网技术构建创业课程体系

创新创业教育课程体系构建在互联网之上，首先需要设立一个合理的教育目标和一系列实施途径，同时结合大学生的个体差异性、学习特点，以及学生自身的实际需求，再在"互联网+"的技术构建下，建立全面性、立体性的互联网课程体系。如在网络中针对创新创业开发一个专门的

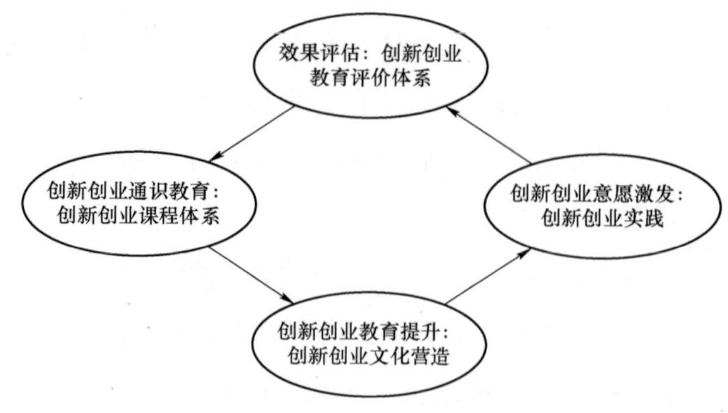

图 6-1　创新创业教育循环

网站，在网络中分享一些经典的创业故事和名人的成功事迹，拓展学生创新创业中的课外知识，再以学分的形式来计算学生上网课的时间；利用学生经常使用的手机 APP 来开发移动创业课堂，让学生可以利用平时的“零碎时间”来学习创业课程；还可以在微信中建立一个专门的创业微信群，让学生在遇到问题时可以及时在微信群中与其他学生交流，或是请教教师。

2. 发挥互联网的优势构建创业文化体系

成立创新创业教育社团，在校园内加强宣传，壮大人力、财力、物力，将志同道合的学生集合在一起，推动创新创业教育的发展，并形成具有一定影响力的教育品牌，为学生营造一个良好的学习氛围；利用校内的公告栏、文化长廊、广播、报刊亭等规划创新创业教育板块，对校友创业成功的事例大力宣传，在大学生中树立榜样，激励大学生的创业行为。

3. 发挥互联网优势，为学生提供资讯服务

当今社会是互联网社会，谁掌握和利用好了互联网技术，谁就能够先人一步在行业发展中占据主导地位。相关调查数据显示，当代青年大学生是互联网用户的主力军，对此，高校可以开发专门的手机客户端，便于学生随时随地通过手机客户端接收到创业方面的知识；建立网上创业答疑系统，让学生可以在网络中提出自己的疑问，同时也可以回答其他人的问题，让学生之间有一个互动交流的平台，实现信息共享；加大对平台的投入建

设和维护，开辟与企业家之间的对话，让学生有机会自主选择创业实习平台。

4. 基于互联网技术构建创业实践体系

创业是一种实践性行为，在互联网上去构建系统性的创业实践计划，就需要将线上线下结合，分别建立有效的实践平台。学校可以开辟专门的创业园区域，模拟创业环境，让学生有实践操作的机会和平台；在网络上建立与成功创业人士的沟通渠道，进行实时交流，学习经验，听取有效建议。

由校方领导作为实践基地的负责人，通过建立长效机制来保障实践基地的有效运作，同时还要创建相关的考核制度，对校方管理者和学生在创新创业教育中的表现作出考察。要将创业实践基地纳入日常教学管理工作中，并投入相关的预算，保障实践基地在创新创业教育中能够发挥作用。

5. 以“互联网＋”技术为支撑构建创新创业教育评价体系

在大量的实践研究中可以看到，学生创业的综合素质、能力的提高、创业的学生数量，这都不是判断高校创新创业教育的直接指标。为了更加准确、全面地反映出创新创业教育实施情况和最终成效，可以以“互联网＋”技术为支撑建立全新、全面性的教育评价体系，且以创业率、创业成功率、创新创业教育影响力等因素为主要评价依据；建立合理有效的模型，通过大数据分析法来促进创新创业教育的可持续发展。

6. 建立相应的创新创业指导服务机构

具体如图 6-2 所示。

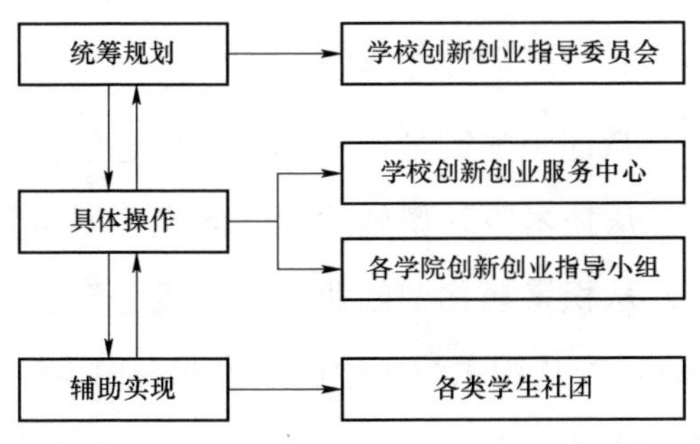

图 6-2　大学生创新创业指导服务组织

二、大学生创新创业路径模式

（一）大学生创业路径演绎规律模型

从整体上来说，大学生的创业路径是一个不断演化并变动的过程，大学生在实践过程中不断地从变动的外部环境中学习和模仿，所以在审视和评判大学生的创业规律时，必须从动态和演化的视角来看。

大学生创业模式的动态演化过程主要是对内部创造力、外部机会和外部资源的优化和重组，不同类型的初创模式所表现出的特征和资源能力都具有一定差异性，所以每个大学生创业者的演化路径也各不相同。根据这一特点，大学生创业模式的内生演化可以分为五种不同的路径，具体如图 6-3 所示。

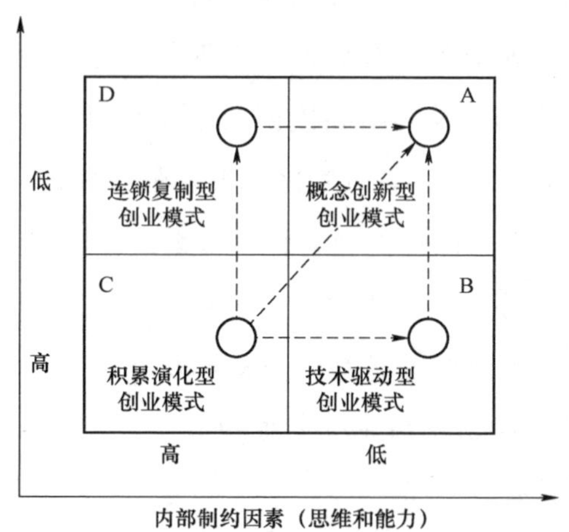

图 6-3　创业路径演化模型

① D→A 路径：从连锁复制型创业模式向概念创新型创业模式演化。

② B→A 路径：从技术驱动型创业模式向概念创新型创业模式演化。

③ C→A 路径：从积累演化型创业模式向概念创新型创业模式演化。

④ C→D→A 路径：从积累演化型创业模式经由连锁复制型创业模式向概念创新型创业模式演化。

⑤ C→B→A 路径：从积累演化型创业模式经由技术驱动型创业模式向概念创新型创业模式演化。

（二）学生组织拓展大学生创业路径

高校学生组织在对大学生进行引导、教育、管理时，要根据大学生自身的优势来服务大学生创新创业活动，为创新型人才创造一个健康和谐的外部环境，利用新思维、新技术、新理念来培养新型创业人才。

1. 各类学生组织促进大学生创业的重要性和可行性

大学生积极参与创新创业活动，可以让大学生将自身的能力水平充分地展现出来，这既是满足其自身发展的需求，也是完成国家对大学生所寄予的厚望，以及社会对人才的需求。大学生创新创业的发展能够给学生自身提供另一种就业途径，缓解就业难的状况。同时，大学生走向创业之路后，还能够为其他大学生提供一定的就业岗位，提高大学生就业率。大学生创新创业活动能够全方位地提升学生的能力水平，尤其是创新能力。此外，大学生创新创业活动还能够提升大学生的凝聚力，从整体上增强大学生的核心竞争力。

高校学生组织在提升自身组织能力、拓展职能的同时，还要保障对大学生创业就业的服务，为他们提供一个有效的途径和平台，通过先进的育人理念、科学的教学模式、创新的行为方式、丰富的人脉资源做好大学生创业就业服务工作。除此之外，学校还要不断钻研和更新教学思想，更新创业意识，推动高校创新创业活动的高效发展。

2. 大学生自主创业的现状及其存在的问题

大学生自主创业的现状是：一方面，学校开设了创新创业课程和相关的课程内容；另一方面，学校还为大学生的实践活动提供了现场模拟，及基地实训等途径。此外，部分大学还针对创业大学生提供了实践指导服务和再教育服务。大学生在通过对自主创业活动的参与，既能够提高自身的实践能力，为未来谋求更好的发展，还能够在社会中产生良好的效益，为更多创业青年做出优秀示范。

从现阶段来看，我国大学生在自主创业过程中也暴露出了一些问题。首先，我国针对大学生创业就业的体制还有待完善；大学生创业者本身创业能力水平有限、创业经验不足、创业资金有限、创业理念过于陈旧等；高校创新创业服务组织在针对大学生创业方面，没有给出有益的指导意见，或是给出的指导无法付诸实践，基本还停留在理论阶段，经不起实践的检验等。

3. 各类学生组织进一步促进大学生创业的路径

对于大学生在创业过程中所面临的一系列问题，高校中学生的组织应当充分发挥作用，为大学生提供良好的服务。高校基层学生组织根据自身特点，结合高校教育规律、学校人才培养工作、学生成长成才内在需求，为大学生的创业提供良好的环境和条件，让大学生有创业意识、敢于创业、有能力创业、能成功创业。具体来说，基层学生组织可以从以下几方面去促进大学生创业。

（1）充分发挥思想政治优势，激发大学生的创业活力

高校基层学生组织在思想政治方面都是具有较高觉悟的，作为高校中青年学生的组织者，便可以利用这一优势，对青年大学生进行思想政治工作的熏陶，将自身的经验传授出来，让基层学生组织将思想政治教育工作作为开展其他活动的首要职责，为大学生的创业活动奠定思想基础。

（2）充分利用各类学生组织覆盖广的优势，积极引导学生创业

学生组织自身的组织体系是相对完善的，不仅结构框架清晰，其涵盖面也较为宽广，一方面包括了校内所有的学生会组织，以及各个院校的各个班级；另一方面还囊括了每一个独立学生支部、学生会之间的关系联络网，方便学生组织开展各项工作，上层能够快速便捷地获取到下层信息，及时掌握学生的各种需求和真实情况，下层也能够及时向上层做出信息反馈，鉴于这一优势，学生组织便能够积极引导学生的创业活动，为他们提供更好的服务。

（3）利用学生组织的文化阵地优势，提升学生的创业素养

当代大学生具有朝气，注重自我价值的追求和实现，对各种新生事物具有探索欲和求知欲，这对创业来说是一大优势，但这一优势是需要学生组织通过辅助来转化的，要将新时期青年人的个性特征与学生组织的文化特征结合起来。在结合和转化过程中，既要保留当代大学生的创业热情，也要提升他们的创业素质。学生组织通过文化阵地的优势，要妥善地处理好这一关系，为青年学生创业提供更好的服务。

（4）充分利用学生组织作为载体平台的优势，增强学生创业能力

以学生组织作为平台的优势就在于，学生组织能够聚集校内的多种资源，并且能够为大学生创业提供有用的信息。通过这一平台，学生组织可以开展各种创新创业实践活动，吸引学生参与到相关活动中来，使大学生获得初步的创业能力，并得到一定的锻炼，降低创业风险。对于部分大学生所表现出的眼高手低、不能吃苦耐劳、缺乏社会经验、不具有团队意识、缺乏社会责任感、缺少创新思维等问题，学生组织要对此做好素质拓展计划和拓展训练，通过各种实践活动的组织和参与，提高大学生的实践操作能力、社会责任感、社会经验和创新能力。

（5）充分利用学生组织的社会资源，为学生搭建创业平台

高校学生组织除了在校内具有相关的优质资源，在校外也拥有丰富的资源，如最主要的资金资源和人力资源。这主要是学生组织在开展各种广泛的实践活动时所积累的丰富的社会资源。在推动大学生的创业活动时，学生组织要充分利用这一资源作为大学生创业工作的桥梁，帮助大学生在社会中谋求发展。一方面，对于大学生来说，可以使他们得到更好的锻炼，使自身的组织能力、管理能力、解决问题的能力等都得到提升，积累创业经验，便于他们在未来的创业过程中更好地应对各种困境；另一方面，对于社会企业来说，引进了更多优秀的人才，促进了合作。在这一过程中，学生组织起到了良好的桥梁作用，通过对校友资源的分析来帮助大学生创业。此外，学生组织还可以通过社会捐助或贷款、基金等形式，帮助大学

生解决创业资金问题，促进大学生创业项目的发展。

（三）政府支持下的大学生创业路径

在众多专家学者的研究下可以发现，一个国家如果对创新创业活动有足够的重视和支持，国家的经济发展也能得到一定的提高，且大学生就业难的问题也能够得到一定的缓解。英国政府曾经明确提出，高校创新创业教育需要与社会企业保持紧密的合作关系。具体的合作方式可以通过专利转让、创办实训基地、合作研究项目等，共同为社会的经济增长和科技发展作出努力。我国对大学生创业也在积极创造条件，出台了多项扶持政策和措施，但是需要认识到的是，我国现阶段的经济仍在逐渐转型，属于发展中国家，大学生在创业过程中还会面临众多困难。因此，要完善大学生创业体系，而要做到这点，就需要在政府的支持下构建良好的创业路径。

1. 倡导创业精神，营造全社会尊重和包容创业的舆论氛围

我国的创新创业教育长期缺失，起步较晚，即便是在接受了创新创业教育，也仅仅停留在理论知识层面，大部分大学生仍然缺乏创业素质，不敢创业、不愿创业、不会创业、不能创业，束缚了大学生的创业行为。因此，政府需要为大学生创业积极创造条件，在大学生创业时不仅要引导他们将创业岗位立足于现实，还要为大学生创业构建一个良好的舆论环境，宣传大学生创业的成功案例，用榜样效应来激励大学生的创业行为。

2. 加强制度创新，增强对创新创业教育的宏观指导和行政推动

国家针对创新创业教育所作出的指导和行政推动，主要是从思想、政策、管理等几方面入手。在具体的构建和实施过程中，国家和教育部门都是行政推动的指导者和监督者。从入学开始就构建学生的创业意识，在高等教育阶段再培养学生的创业素质和创业能力。将创新创业教育作为国民教育体系中的重要课程，并纳入到青少年思想教育、素质教育、职业规划的发展教育中去。

3. 加大扶持力度，优化大学生创业的政策环境和法治环境

大学生毕业后，在社会中可能会面临各种问题，这些问题一方面需要自身应对解决，另一方面也离不开政府的扶持。因此，政府各部门在针对大学生创业制订各项政策时，要从实际出发，作出有针对性的帮扶措施。大学生肩负着社会创业理想和国家繁荣兴盛的重任，因此政府在制订或调整相关政策时，需要考虑到学生的受益。此外，针对大学生的创业行为建立一系列的支持、服务、引导等工作机制，为大学生创业提供畅通的渠道，营造法治环境。

4. 搭建创业平台，完善大学生创业的社会配套体系

我国目前的创新创业教育研究仅存在于高校内部的教育系统中，社会各行业对创新创业教育的认知还未普及，所以为了给大学生创业营造更好的创业环境，搭建更好的创业平台，必须完善大学生创业的社会配套体系，政府就需要从中发挥主导作用和协调作用。

第一，形成政府、高校、企业、社会成员、家庭“五位一体”的新局面，各自按照自身职责相互作用、相互协调；

第二，鼓励和支持第三方组织的建立，为大学生创新创业教育分担责任。

第七章

高校创新创业教育的未来发展

第一节　创新创业教育的改进

一、立足观念革新

创新创业是经济新常态下的时代焦点，高校创业教育也随着创新创业逐渐成为时代的主题而迅速发展起来。而大数据的开发、应用，对高校创新创业教育提出了更高的要求，它要求高校创业教育随着市场形势的不断变化，而促进自身的深化改革，以及构建新的发展思路。我国高校创业教育长期依托于市场需求而形成和发展，同时高校也能随时随地了解市场、社会对创业模式的变化，也在不断创新教育模式以适应这种变化，但因为其“需求产生－发现市场－引导进入市场”的思维模式与现代创业教育的需求存在一定的差距，因此，基于这种传统思维模式开展的创业教育已经与新时代的要求不符。

综上，高校创业教育既要让大学生创业者形成时刻关注市场变化和商机资源的意识，也要让大学生有发展的眼光和敏锐的市场洞察力，能够及时、准确地抓住市场需求，来开创属于自己的市场，促进高校创业教育的质量提升，调动大学生创业的积极性，创造开放、多样、自由、创新的创业教育观念。高校需要坚持教育规律、科学教育方法的原则，促进创业教育从“社会本位”转向“社会本位与主体本位融合”。

当前，国外一些发达国家将高新技术引入到创业教育当中，创业教育内容深入到社会发展的各个领域。我国在产业生态链的形成上仍有大幅提升的空间，高校可以充分利用互联网这一资源，打破固有思维定式，通过运用技术创新和人才培养，来推动高新技术的发展，根据市场需要与社会发展，建立具有层次性、立体化的创业体系新格局。

二、坚持技术创新

融合创业教育与专业教育，不仅是高校素质教育的内在需要，也是社会发展对人才的外在需要，二者相互促进，相互作用。在某种意义上，大学生所学习的专业知识和实践技能对个体的知识结构和思维方式起着重要作用，这也必然会对他们的创业取向产生影响，尤其是对早期创业的发展取向有很大的影响。具有一定专业背景的创业型人才，他们更具有成为未来的创业者潜力，将创业教育与专业教育相结合，可以更好地促进大学生在自己的专业范围内进行创业。

专业教育是当前大部分高校最基本的人才培养模式，在“互联网+”的背景下，高校创业教育的实质不在于对专业教育的颠覆，而在于将专业教育与创业教育有机地融合起来，以实现专业技能与创业能力的双重提高，从而实现对专业技能与创业能力的全面深化与优化。要实现高校的创业教育与专业教育的深度融合，就需要高校首先从顶层设计入手，建立起一个专门的创业教育组织机构，保证创业教育和研究工作的顺利进行。在专业教育的培养中，高校要对创业教育体系进行全面延伸和整合，以院系和专业为依据，进行差异化的创业教育，建立具有院系专业特色的创新创业课程、教学资源和有关基地，在专业教育、教学计划、教学活动和技术产出等各个方面，扩大创业教育与专业教育融合的深度和广度。建立一种开放式的、互动的教学模式，建立多样化的、层次分明的课程，把不同领域、不同学科的老师和同学都聚集在一起，拓展他们的知识面，激发他们的创新精神，对整个创业教育的品质和效果进行最大程度的优化。

三、完善平台创新

高校创业教育是多层次、多维度、多元化的系统，依托课程建设、优秀师资力量等创业资源，通过多种创新平台来促进创新实践与创业教育的同步发展，主要有创新创业竞争平台、大学生创业实践基地、孵化园等。高校可以利用改进课堂教学方式、引入微课等技术手段，促进教学内容和设计的精细化，提高其育人成效，强化与社会、政府、企业之间的合作，促进“全员育人、全社会育人”理念的深入发展与落实。

高校不仅需要抓住互联网时代的新机遇、新挑战、新途径，还要不断扩大创业教育的领域，坚持教育理念的开放性，建立科研队伍，让学生去大胆创业，并请专家、企业家和创业指导教师进行专题讲座，近距离将他们的创业经历和知识传授给学生，帮助他们解决一些现实的问题。

四、加强政策创新

加强对大学生有关创业的法律法规的学习，增强他们对创业安全的防范能力，是当前高校创业教育的一个重要方面。学校的有关负责机构要对有关部门的责任进行统筹安排，为创业教育提供政策、经费等方面的保障，并构建出一套科学、合理的评估体系，推动创业教育与专业教育的深度融合。此外，学校也要保证各种扶持大学生创业的优惠政策能够得到有效的实施。

例如，在大学生创业方面，政府可以为他们提供法律支持、工商登记和减免税收等方面的服务，成立创业启动基金、风险投资基金，在大创园、科技园等地方，提供免费或优惠的场地。高校要为大学生创业者提供优质的就业服务。比如，高校持续对创业就业等信息网的建设和维护进行完善，运用各种新媒体手段，将及时、高效的信息资源推送出去，对学生的创业状况和需要进行实时、准确的把握，从而有效降低学生创业的成本和风险。在内部，高校要对校园内的资源进行深度挖掘，并鼓励学生与学校合作，

建立起校内企业，发掘出知名产品等。在外部，高校能够利用自身的优势和校友的优源，争取到政府、社会以及企业之间的支持与合作，帮助大学生的创业项目走出校园，走向社会。

不管是培养应用型人才的培养还是研究型人才，其根本目的都在于不断地累积和提炼创新意识、创新精神、创业能力和创业品质。随着高等教育的普及，大学生个体的创新能力需要逐渐强化，提高大学生的创新思维、坚韧的意志，帮助他们找到自己在社会中的定位与价值取向，是当代高校教育的目标之一。在互联网大环境下，大学生创新教育是一种个性化的协同机制，是以学生为本的创新理论。具体是指在教师的指导下，使大学生作为创新的主体，培养大学生的自主创新、自主发现和主动探索的能力，并主动进行创新和创造的活动。

各个高校都在持续地对各种专业课程中的创新教育资源进行发掘和丰富，对创新教育进行清晰的定位，将专业教育、实践教育和创业教育三者进行了有机融合，在实践教学环节中的设置比例得到了提高，同时对设计性、综合性、创新性进行了强化，使课程的内容得到了丰富，并把最新的知识和理念引进到课堂中，把最新的科学技术和研究成果运用到了实践教学中，使教学内容充分地表现出了时代性、开放性、多元性和综合性。但是，在怎样才能建立一门研究性学习课程，加强优质课程的信息化建设，并对其进行开发，将其与线上、线下的实践课程进行整合，构建一个云教室的创业课程库，提高创造性教学的切合度和提高学生获得新知识的自主能力这一点上，各高校仍需进行深入探讨。

第二节　树立创新创业教育的新理念

一、创新创业教育的目标定位

高校创新创业教育的核心问题是：“培养什么人”和“怎么培养人”，

而这两个问题又是高校创新创业教育应遵循的基本理论构架。我国在创业教育方面还处在一个摸索和发展的过程中，在创业教育的方向上，主要有两种取向："窄化"与"泛化"。

"窄化"指的是将创业教育的培养目标界定为"企业家的培养"。其原因是美国一些商业学校采取了以"企业创办者"培养为主的创业教育方式，通过对一小部分热衷于创业的人进行教育培训、项目孵化以及政府资助等。蒂蒙斯认为，这样的"创业教育"并不能代表的"创业基因密码"，而是为下一代制订的"创业基因密码"。在教科文组织的界定中，培育开拓进取的人才，这一点对领工资的人同等重要，由于该机构或个人不仅需要雇员的职业生涯取得成绩，而且更加注重雇员的主动性、冒险精神、自主性、社交、管理等方面的才能。

从中国青年创业就业基金会于 2022 年发布的《中国青年创业发展报告（2022）》来看，19～23 岁的大学在校生、应届毕业生、毕业后待业人员是青年创业主体。年龄方面，19～23 岁合计占比 51.1%，其中 20 岁为创业高峰年龄；职业背景方面，在校大学生占比 51.3%，高校应届毕业生占比 11.8%，毕业后待业人员占比 10.7%，三者合计 73.8%，较 2021 年增加 5.1 个百分点。根据调查问卷，创业者数量随着学历上升呈现倒 U 型分布，其中初中及以下占比仅 2.5%，高中/中专 7.2%、大专 36.2%、本科 51.2%、硕士及以上 2.9%，大专及以上学历的创业者总占比达到 90.3%，较 2021 年上升 4 个百分点，这反映出创业者的文化程度普遍较高。增长来源于大专创业群体的增加，反映出我国对大专学生创新意识和创业能力的培养更加成熟。由此，可以反映出高校创业教育的重要性。

"泛化"即将创业教育归为"素质教育"。这种定位是因为 1989 年联合国教科文组织提出的"事业心和开拓技能教育"，提出创业教育应该面向全体学生，培养学生的创业精神、创业意识、创业知识、创业能力，将创业教育融入素质教育当中。这种定位旨在避免"企业家教育"的不足，但值得注意的是，创业教育并不等同于素质教育，素质教育是以促进受教育者

各方面素质为主要目的的教育模式，注重人的思想道德素质教育，提倡人的全面发展。而创新创业教育是对素质教育、创新教育的具体化和深化，注重大学生创新创业精神、创业实践能力的培养。

此外，创业教育也与就业教育、职业教育不同。创业是一种高质量的就业，能够促进就业。创业不但可以带来更多的就业机会，也可以带来更多的工作岗位。所以，对大学生进行创新创业教育，对提高他们的就业能力，减轻他们的就业压力，都有着积极的作用。在教学部门的创新创业教育中，要明确顶层发展规划。推动各部门之间的相互协调、配合，绝不能以讲座或报告来代替课程教学，或者以竞赛实践来代替创新创业教育。

高校教育的根本任务与第一职能是培养人，高校创新创业教育应当以人为中心来进行创新创业型人才的教育、培养。创新创业型人才是拥有较强的创新意识、创新精神和创新创业能力，开展创新性劳动，并对社会作出贡献的人。在我国，“以人为本”的思想政治教育改革已经进入了一个新的阶段。高校要在整个人才培养的过程中，将创新创业教育贯穿其中，将创新创业型人才培养作为其主要目的，将创新创业能力看作是大学生的核心能力，并将创业教育的质量作为衡量高校办学水平的重要标准之一。

二、创新创业教育的方法要求

（一）创新教育与创业教育相融合

按照熊彼特关于创新的学说，创新是一种全新的生产要素和生产条件的组合。创业包含了创新、新技术的尝试、新组织的创建。哈佛大学的蒂蒙斯教授用一句话形容了创新与创业之间的关系：“若创业是美国经济的引擎，而创新就是引擎的气缸。”创新是创业的源泉和力量，创业是创新价值的体现。创新带动创业，创业推动创新。创新和创业是密不可分的，创新教育和创新教育也是密不可分的，二者相互融合的。创业是知识创新、制度创新、技术创新等在社会、经济、文化的发展过程中的一种表现形式，它以创新作为发展的推动力。

（二）创新创业教育与专业教育相融合

从狭义上讲，创新创业就是以创造性的精神进行的创业。从更广义上讲，创新创业就是用创新精神进行创业，在自己的工作中创业。高校教学是按照专业特点来进行人才培养的，因此，高校的创新创业教学也要以学生为主体，与专业相融合，实行分级、分层次的教学，在做好“广谱式”教育的同时，还要对有创业理想、有创业潜力的大学生进行“精英式”教育。

例如，中国人民大学制定的大学生创新创业能力培育方案，根据大学生的需要，把大学生的创新创业能力培育划分为“普及教育”、有创业倾向的“系统教育”、有创业目标的“重点教育”、要进行创业实践的“实践教育”四个层面。大学生的创新创业能力是影响其创业成功与否的一个重要因素。高校要将创新创业教育纳入人才培养体系中，并将其与专业的培养目标和计划相结合，使其与专业教育进行更深层次的结合。

（三）科学精神培养与人文素养提升相结合

随着创新创业教育的不断发展，我国大学生的创业质量正在不断提升。作为未来社会的中坚力量，大学生的持续发展能力至关重要。因此，大学生要学好基础知识和基本技能，同时也要培养意志品格和创新创业实践能力。创新创业教育是提升大学生创新精神、创业意识和创新创业能力的重要途径。它能够激发学生的创新潜力，让他们更加了解创业的机会和挑战，帮助他们更好地应对未来的职业发展。创新创业教育不仅注重技术创新，也注重对社会价值和文化价值的重视，同时还注重对学生社会责任感的培养。这些教育可以让学生学会在创新创业的过程中考虑社会价值和文化价值，充分发挥创业的社会意义。高校还要通过创新创业教育，着力提高学

生的科技精神和人文素质。科技精神是指学生具备独立思考和解决问题的能力，以及热爱科学和技术的态度。人文素质则是指学生具备较高的文化素养，能够理解和尊重不同的文化和价值观。

（四）课程教育与实践教学相结合

高校实施创新创业教育最根本、最重要的途径之一就是课程教学。我国当前高校的创业教育课程体系仍需进一步完善，丰富创业课程数量，结合多种形式的教育方式来开展教学。同时，创新创业教育需要重视实践环节。只有通过实践，学生才能真正掌握创业的核心技能和知识。因此，创新创业能力的培养需要“探究型”“实践型”的教学。这样的教学方式可以激发学生的兴趣，提高他们的学习积极性和创新意识。

此外，教师需要改变传统的教学模式，走出教室走进企业，了解实际情况和需求，这样，教师才能更好地指导学生。同时，教师需要鼓励学生参加各类实践活动。这样可以让学生有更多机会接触实际问题，积累创业经验，为将来的创业打下坚实的基础。

（五）互联网技术和互联网思维相结合

互联网的创新与发展，既是一次技术上的变革，也是一次思想上的变革。网络使人们的生活和思想发生了翻天覆地的变化。在互联网的大环境中，高校应把网络技术的革新与经济、社会的各个领域，尤其是高校的领导层进行深层次的整合。互联网加速了创新要素与创业资源的集聚、开放与共享，是推进“大众创业，万众创新”的主要动力和新的载体。随着互联网时代的到来，高校创新创业教育要在观念、方式和载体上不断地进行改革和发展。

互联网不仅是一种技术、一个平台，而且是一种思想、一种观念。在高校开展创新创业教育要利用互联网技术、互联网手段和信息平台，培育互联网思维和开放、平等、合作、共享的网络文化精神。在目前还处在发展时期的高校创新创业教育，要充分利用网络教育资源，加强线上教育资源的共享，这是一种可以弥补目前学校创新创业教育不足的行之有效的方法。中国高校创新创业教育联盟、全国大学生创新创业实践联盟先后建立，也是对大学生创新创业教育协同发展的一种强烈要求。

第三节　构建创新创业教育的新机制

一、主体性机制

主体性机制指的是，主体的思维方法和实践活动并不依靠别人，而是依靠自己的经历和想法，创造出与以前不同的新的主体机制，也就是创新的意念、创造性的思维方式的改变，从而实现一种革新的主体性机制的独特性。在创新创业的过程中，大学生是最重要的一支队伍，因此，增强主体性机制，可以拓展更加广泛的创新思维。大学生自主创业主体的形成与发展包括两方面：一方面，是理论融合的渐变影响，在主体与创新创业理论课程接触的时候，要引导其开拓思维、发散想象力、发挥创意概念，从而为今后的创新创业打下良好的基础；另一方面，实践行为的实施，当主体在某种程度上具备了相应的理论知识时，对其实践行为进行指导就变得相当关键，因为唯有将理论应用于实践，才能使理论更好地成为主体自身的经验，并对理论的功能有更深刻的认识。

英国的迪尔登说："自主性包括三个特点——独立的判断、批判性的思考和基于这种独立的、思考的判断，把信念和行动结合在一起的倾向。"在互联网大环境下，个体在创新创业活动中具有不同的自主特性，例如，选择创新创业的行业类型、选择创新创业的众创空间、选择创新创业的领军企业等都不同。在创新创业过程中，可能会遇到一系列的问题，而这些问题都是由主体的运转来判定和寻找答案的。有的学者认为，以探索和求新为特点的创造力是主体性发展的最高层次，是基于对自身认知能力的认识，是现代社会进步发展的动力源泉。任何个体都能在社会中充分地发挥自己

的创造力，但首要的问题是如何根据自身的认识，使个体的机制能力达到最大。全社会的进步并非一种历史的必然，它是由人们在其主体的实践行为基础上所探索、激发出来的一种创造性的力量，唯有创新才是推动社会发展的最大驱动力，而创新本身就是一种活动，活动就需要主体来执行，这个主体就是社会当中的人。

当创新创业的主体机制逐渐凸显，高校创新创业教育将这种能力的培养当作是激发潜能的关键时，只有充分发挥其特殊创造性，并结合创新创业实践活动，才能在无形中强化学生的主体性地位、主体自身的创造能力，主体才能在实践的过程中清楚自身的价值定位，也才能最终实现创新创业主体性机制的发展。

二、社会化功能机制

费孝通是一位杰出的社会学家，他认为社会化是一个人通过学习知识、技能、规范，获得一定的社会地位，从而形成他的社会人格的过程。社会化最初是一个社会学的术语，它是个体由自然人转变为社会人的过程，后在管理中被逐步应用。自 1992 年以来，国外学者将社会化的相关理论引进到创业研究领域，并创新性地提出了“创业社会化”这一全新的视角，试图建立起一个能够对创业者的职业生涯发展进行统一阐释的框架。当然，与创业社会化相比，创业者的职业发展内涵要更为广泛，它是一个长时间的社会化经验的总和，并且创业社会化应当是新创业者在其职业生涯发展中必然要经过的一个阶段。

在创业的进程中，比较关键的一个环节就是对社会化功能机制的培育和塑造。在此过程中，创新创业社会化的主体功能是建立在社会需求之上的，而其社会功能的实现需要建立在个体功能的实现之上。这种对社会的需求，最大程度上来自一种由主体肩负的社会责任，而且，不管是网络，还是个人，都应该具备一定的社会特性，才能为社会带来价值。从社会化的定义来看，社会化的功能主要有两层含义：一种是让个体“形成共性”，也就是个体需要具备参加社会生活所必备的素质，从而变成一个被社会认可的人。这里的共性主要是指，不管是普通的创客，还是高级创客，都需要肩负起同样的社会责任，也有着同样的社会归属感。创业的成败，都离不开社会意识形态的影响。另一种是让个体“发展个性”，也就是让个体的个性不断发展和生成，最终使其具有独特的一面。该作用在创业领域中的作用越来越显著。独特性指的是在共性中的个性，也就是创新。

在互联网大环境下，中小企业之间的竞争日趋白热化，要想获得长期的利益，就要有持续的创新，要有一种顺应公众日常生活行为轨迹的创新意识。高校创新创业教育中构建社会化功能机制是必要的，因为高校创新创业团队所创造的成果要经过社会的检验和见证。在创新成果走向社会前，要对其产品的社会定位有一个全面的了解，对其所适合的社会群体有一个清晰的定位，并对其社会需求有一个清晰认知。

例如，某高校的创新创业团队曾开发出一款关于网络购物筛选的手机软件，这个成果的创意是值得称赞的，因为它可以将通过网络添加进购物车的物品进行分类，而且还可以筛选出顾客所喜爱的不同种类的商品。在这款软件发布前，开发小组已经按照自己的社会定位，进行了大量的社会调研，对社交需求有了比较清楚的了解，社会作用机制的充分发挥，使该产品在发布后受到了广泛的欢迎。因此，建立创新创业的社会化功能机制，在创业中的任何一个层次，都有其特殊的意义和功能。

三、多方协同育人机制

协同即使两个或两个以上的不同资源、个体，齐心协力地完成某个特定目标。协同育人是育人方式中的一种，也是一种育人观念。培养高素质、全面发展，兼具个性特色的学生，就需要学校、家庭、社会、受教育者这几个要素整合在一起。健全协同育人机制，加大对社会资源的投资力度，这是促进我国高校创新人才培养机制的一个重要手段，也是促进人才培养

质量提升的一条有效路径。高校创业教育具有系统性的特征，要对创新创业教育资源、要素的聚集进行重视，促进政府、社会、企业等力量与学校创新创业教育的协同育人，以创新创业教育的课程建设、项目孵化等多方面为基础，深化产学研合作，并推动创新创业指导服务、资金支持等保障体系的完善。

创新创业教育是高校的一项整体工作，而不仅仅是教学线、学工线的任务。因此，要充分调动校内优质资源，划清创新创业教育中学校各职能部门、专业院校的职能界限，促成既各司其职又协同作用的齐抓共管格局，形成共同支持创业教育、学生创新创业的良好氛围。高校要在实施创新创业教育工作“一把手工程”的基础上，构建由主要领导负责、各相关职能部门联合的创新创业领导小组，强化全校资源的统筹协调。

第四节　搭建创新创业教育的新平台

一、从创客到众创空间

创客，就是那些敢于进行创造，将他们的创造性设计思想、创造成果转变为现实的人。在当代中国，创客与“大众创业，万众创新”一起构成了互联网时代特有的一种组织形式。“大众创业，万众创新”作为中国经济增长的“双引擎”之一，这一理念和实践经验值得深入研究，而创客就是这些创新创业的主体和核心。就“创客”自身的特点而言，创客的价值特征是随意性、活泼性和能动性，他们利用自己的创新思维和创造能力，创造出创意成果，以满足公众的需要，进而受到社会的广泛关注，创客便不可避免地会建立起一套商业模型，为他们的创业打下坚实的基础。

在互联网大背景下，创客的社会需求是显而易见的。一个人的创造力不可避免地会受到限制，因此，会有更多志同道合的人加入产品的设计中来，所以“创客”群体的团结就变得很重要了。在互联网这个大平台上，无数的创客都参与到创造和创新中来，这就是一家公司永不枯竭的活力之源。

对高校来说，毕业生多年来一直承受着巨大的就业压力，互联网时代的到来，为大学毕业生就业打开了一扇新的大门。在高校中，通过对创客资源的发掘和展示，让大学生更好地参与到创新创业活动中，更好地发挥自己的主观能动性。中国的未来在高校，大学生是高校的核心。也就是说，中国的未来就在那数以百万计的年轻学子身上。在北京的一些创业基地中，有些学生从学校毕业后就开始从事网络软件的研发工作，并且已经有了自己的品牌和公司。当他们谈论自己的成功时，他们会说自己曾经是一名创客。在天时、地利、人和的多重作用下，以创客为中心的创新主体成功只是时间问题。创客是互联网时代背景下产生的特殊群体，他们将在世界发展史上书写出新的篇章。

作为创业生态圈的中心，创客聚集形成的“众创空间”，是聚集了大量的创意和创业人才的“聚集地”。早在众创空间出现以前，中国就对互联网创新创业给予了高度关注。众创空间是网络发展的重要组成部分，是网络发展的灵魂力量和智能保证。经济学中长尾理论的发明者和阐述者克里斯·安德森，在其著作《创客：新工业革命》中预测未来十年之内，人类将把互联网的智慧应用到真实的智慧之中，而这一时代的发展，不但是基于虚拟原理的互联网企业，更是基于真实生活的各个行业。创客活动是线上与线下的深度结合，是虚拟世界与现实产业的深度结合。所以，众创空间是一个聚焦于线上与线下，虚拟与现实产业深度结合的全新视角。在互联网大环境下，要实现良性、有序的运行，就要让创客发挥其主体作用，让众创空间成为关注的重点与载体，只有通过这种方式，才能提升创新创业的效率和持续性。

我国进行了一系列的众创空间建设和互联网创新创业的推广，为广大创客创造了一个很好的创新创业环境。例如，中国移动第一家“众创空间”

就在杭州未来科技城落地生根。“众创空间”的设立，标志着人们可以无限地发掘和利用创新创业潜能，并将其作为一个聚光灯下的生态系统，充分发挥它的功用。

二、从众包到众筹

“众包”一词最早是由美国《连线》的新闻工作者杰夫·豪于2006年6月提出。他对众包下了定义：众包是指企事业单位、机构甚至个人将以往由雇员完成的工作任务，以自主自愿的方式外包给非指定的社会公众群体来完成或承担的行为。众包服务本质上是消费者对公司创造价值的参与，是影响公司价值的一个重要因素。随着众包理念的引入和互联网的发展，创新主体的主体性越来越突出，创新主体的范畴也从一个专业人才的挖掘，转向具有普遍意义的公众，而消费者的地位已不再限于消费领域，消费者也可以加入公司的价值创造活动中来。互联网正是把消费者作为主要对象，把消费者的生活痛点作为其进行创新和创业的出发点。所谓的痛点，指的是人们在实际的工作和生活中不满的、感到痛苦的接触点。在发现痛点的基础上，运用大数据分析，把握住机会。大数据思维，就是在大数据背景下，寻求创造性的机会，尤其是对于数据的“先知先觉”。

我国一些企业在互联网上搭建众包平台，让消费者参与到企业的操作流程、创造过程中，根据消费者的建议、想法，对企业今后的工作进行改进，为企业的发展奠定坚实的基础。众包的诞生让人们对创新创业有了更新的认识。由此，可以延伸出众筹。众筹是依托于众包的，是众包的强化和升级。

三、从众筹到众创

众筹就是人们在网络上互相联络，把资金集中起来，以支持其他机构或个体发起的一项集体活动。在经过中介机构的审查之后，创新创业者或中小型企业等项目发起人，可以在众筹平台的网站上，创建一个自己的网页，用它来对大众进行介绍，并向大众筹集少量资金或寻求其他物质支持。一开始筹集的资金，是在众筹平台上进行的，而不是直接发放给筹资人。如果在规定的时间里，该项目的募集资金数额已经到达，那么该项目的募集就已经完成，募集的款项将通过众筹平台转至筹资人的账户。在项目顺利完成之后，筹资方会将其在项目执行过程中取得的有形或无形的成绩反馈给出资人，而众筹平台则会从中提取一部分的费用，作为相应的服务报酬。若在预定的时间里没有募集到足够的资金，则募集的资金将由众筹平台返还给出资人。在此情况下，项目的发起人需要启动新一轮的筹资行动，或者宣布融资计划的失败。众筹起源于美国，其类型包括股票众筹、债券众筹、产品众筹及慈善事业众筹等。后两种方法已经在全国范围内进行过试验。

现在的众筹平台可以扩大创新创业的范围，促进互联网企业与社会民众之间的关系更加密切，众筹活动的效率也有大幅的提升，对象网络一体化的趋势也愈发明显。比如，在某些众筹的网络平台上，有很多家庭生活困难，子女患有极其严重的疾病，支付不起医疗费用。仅凭一个人的力量，可能无法获得理想的效果，只有通过媒体向社会寻求帮助，但是，毕竟传媒本身也存在着一定的限制，不可能做到面面俱到，而且募集资金的流程比较繁琐，消息的真伪难以辨别。而构建了网络众筹平台之后，一方面，可以促进募捐信息的真实性，具有更高的精确度。另一方面，随着互联网和手机的广泛应用，越来越多的人可以看到求助消息。这样，更多的人可以参与到帮助活动中来。筹集资金的流程也变得更为细致，不再使用任何人力，而是通过互联网、大数据、云计算等，可以轻松方便、省时省力地进行筹集资金的流程。

“点名时间”是成立于 2011 年的具有中国特色的众筹网站，随着“点名时间”在多个经典项目中的成功实施，该众筹网站得到了全国各大网站及各大媒体的认可和重视。当今众筹平台的不断完善和发展，主要得益于

互联网的发展，以及线上、线下的融合越来越多，这也是创新创业的一种新的变革。

众创是在当代网络环境下的一种新型的创新方式：一方面，爱好创新的民众以企业建立的或自发形成的网络平台为基础，开展创新活动，并在网络上对创新成果进行展示或销售；另一方面，也有其他的公司或者个体在网络上搜索、获得并使用这些技术。

众创有两种类型：企业主导式众创和大众主导式众创。企业主导式众创的意思是，在企业创新需求的引导下，大众可以对机遇进行辨识，并参与到企业创新中来。在这一过程中，企业是领导者和开创者。大众主导式众创是一种在没有特定创新需要时，由广大群众自发地寻找、实现、转化创新的活动。“大众创业，万众创新”的提出，更是为“大众性”平台的扩展提供了一个全新的契机，并引发了一系列的连锁反应。这种新兴的“众创空间”，既实现了“众创空间”平民化，又将“众创空间”提升到一个全新的层次。众创空间在高校中有着得天独厚的条件，在创客们的眼里，这也是他们展现自己创造力的绝佳时机。中国民间创客组织不断涌现，已基本形成三个核心创客生态圈：北京创客空间、深圳柴火和上海新车间。然而，从某种意义上说，众创空间并不具备网络上提供的全部信息共享和服务的作用，它需要与第三方进行协作。在众创的基础上，合作共赢，生态共享，将成为互联网时代主体与客体共同生存的方式。

举例来说，苹果公司，其应用程序商店就是公司在2008年7月发布的一个终端的内容服务产品的平台，为苹果手机提供更多的附加价值。在该平台上存在着三方利益关系：苹果公司、程序开发者、消费者。苹果公司在软件开发与管理方面作了很大的贡献，它向软件开发者们提供了软件开发工具，让他们更容易地进行软件的开发与上传，并给消费者带来了大量下载入口和良好的体验等。一方面，那些热爱开发的组织或个人充当了程序开发者的角色，利用 SDK 工具，可以便利地开发和上传软件，并按照下载量的多少获取收入。另一方面，消费者可以按需在平台上便利地下载自己所需的软件。该软件可以自由使用，也可以付费使用，苹果在这一进程中将会获得一笔中间人的佣金。这样一家大型公司在众创方面的成功经历，对于我国的众创事业而言，不失为一个很好的范例。从某种意义上来说，它既能为创客们提供更多的思考方式，也能为中小公司在网络大潮中保持独立提供指导，让它们在互相合作中，逐渐成长起来，形成一个良好的众创环境。

在大学生创客群体的创建过程中，更多地体现了大众化平台的特点。不管高校的学生有没有创意，有没有创业精神和创业的激情，他们都可以参与到高校的众创空间里来。每一个独一无二的人，都是互联网的一股强大力量，通过和其他的创业人员一起成长，形成自己的创意和创业成长体系，这样才能最大限度地利用“大众性”的平台。

四、从大学生创业园到大学科技园

大学生创业园也就是大学生创业孵化器，它指的是由高校构建或以政府与企业为基础，为大学生们提供创新创业的指导和服务，它是一个可以让大学生们获得可以孵化出创新创业项目的实践平台，它是一种为大学生提供创新创业教育、创新创业服务的重要方式。国外的高校创业园区起源于 20 世纪 50 年代德国高职院校中的“模拟公司”，通过模拟经济活动环境，创造出大学生创新创业实践所需要的场所。2001 年 2 月，成都成立了全国首家高校创业园区——“西部创业园区”。多年来，伴随着对创新创业教育的持续推动，国内不少大学相继成立了各类大学生创业园、电子商务创业园、科学技术创业园等。按其投资主体，可分为“高校独立经营”“校企合作”“校政共建”三类。在中国，“创业竞赛”是一种创新创业教育的模拟实践，而大学生创业园的建立则是一种实践性的尝试。为适应高校学生创业的实际需求，创建高校学生创业园，将原来的创新创业由“纸上谈兵”转变为“真枪真刀”的实际操作。

现阶段，我国高校创新创业教育的整体情况相差无几，整体上都需要明确功能定位、完善管理制度、提升融资能力、增强师资力量和孵化功能。同时，要加强大学生创业园中创业政策的宣传、普及力度，丰富管理队伍的市场经验，增设专职管理人员。大学生创业园除了减免场租、水电费用外，还需要投入资源吸引大学生创业团队入驻。

高校创新创业教育中也包括了大学生创业园的建设。高校大学生创业园可以通过“项目化入驻、企业化管理、市场化运作”的方法，构建科学、规范的运营机制；与地方政府、企业联合为大学生创业园打造功能齐全的服务体系，为大学生创业团队提供风险评估、法律咨询等的“一站式”的服务，提供注册、融资、贷款和纳税的绿色通道；提高大学生创业园服务设施的建设质量，让大学生创业园成为大学生创客的基地与加油站，真正发挥出其孵化、加速器的功能，推动孵化成功的学生创业企业向社会转移；提高创业文化建设的质量，充分发挥大学生创业园的创新创业典型、宣扬作用。

大学科技园是以大学为基础，将大学的综合智力资源优势与其他社会优势资源融合起来，为高校科技成果转化、高新技术企业孵化、创新创业人才培养和产学研结合提供支持的平台和服务的机构。德里克·特曼是美国斯坦福工程学院的校长，在 20 世纪 30 年代，为他的两位学生利特和帕卡德，提供 538 美金的资金，帮助他们创建了“硅谷鼻祖”——惠普公司。美国斯坦福大学于 1915 年成立了全球首个高校科技园区。在美国的带动下，日本、英国等国家也相继成立了自己的科技园。1988 年，中国首个高校科技园区由东北工学院（现为东北大学）创建于沈阳高新技术开发区。2001 年，科技部与教育部共同发起了高校科技园的创建工作，其中包括清华大学、北京大学等多所高校科技园。高校科技园作为一流高校的一个主要指标，在为经济社会发展、创新型国家建设等方面起到了很大的作用。

科技部于 2009 年联合了教育部启动大学生科技园“高校学生科技创业

实习基地”的建设，旨在解决国际金融危机的和大学生就业的影响，以落实创业带动就业的指导精神，构建大学生创业孵化基地，指导大学生创业实践。大学科技园随着高校创新创业教育的开展，逐渐发展为大学生创新创业教育的重要教育平台和实践的载体，对于落实产业政策、营造文化氛围等都有着重要的作用。

第五节　探索创新创业教育的新模式

一、创新创业教育模式的选择原则

（一）全体性原则

创新创业教育并不仅限于教授具有创新创业愿望的学生怎样创立公司，而是以提高学生的创新精神、创业意识和创新创业能力为目的的教育。要坚定地确立新型的创新创业教育观念，既要重视有创新创业倾向的学生，也要重视面向全体学生。这里的“面向全体学生”是指全面落实创新创业教育，将创新创业教育做到全覆盖，实施以全体学生为主的课程教育和实践教学，把创新创业教育融入整个育人活动中。

（二）主体性原则

高校的第一要务就是要培养人才，营造以学生成长需要为导向、以学生利益为中心的良好人才培养氛围。高校创新创业教育应兼顾受教育者的差异性，针对大学生的实际状况，按专业特点、按层次，以培养具有创业潜力的“精英化”大学生为目标，以个性化的方式，调动大学生的主观能动性。

（三）特色性原则

各大学在办学层次、水平、制度上各有差异，但各自都有自己的办学

定位、办学方向、办学特色。创新创业教育要根据高校的学科优势、专业特色以及学生的特点，探索出自己的特色发展道路。“985”“211”院校的创新创业教育，以强化学生的科技创新能力为重点，提倡以创新为导向的创业；普通本科高校的创新创业教育，是在为地方经济发展服务的基础上，以培养应用型人才为目标；高职院校应与高职业教育相结合，探索一条以保障为导向的创业之路。尽管众多学者对于这三类的分类意见不一，但是他们都一致认为，高校应该实行分类教学，采取因校制宜的创新创业教育模式。

总而言之，在高校中开展创新创业教育，一定要坚持面向全体、与专业相结合、分类推进的原则，走出一条特色化、差异化发展的道路，不能对先进的经验、模式进行简单的复制。

二、构建多方协同育人的工作体系

（一）加强校内外资源整合

在高校内部，要用设立创业学院等方法，构建出专业的创新创业教育管理、科研和教学机构，对校内的各个部门和学院进行协调，对整个学校的创新创业教育工作进行统筹。

以杭州师范大学为例，具体如图 7-1 所示。杭州师范大学建立了创业学院，以学校的校领导来担任学院的院长，这对增强学校内部的资源整合起到了很大的作用。创业学校是面向全学校的，当前我国创新创业教育仍需在师资力量、实践平台建设、经费扶持等方面下功夫，也要注重与当地政府、企业等社会力量的协作。尤其是以培养应用型人才为主的地方高校，在进行创新创业教育人才培养方案的规划时，更要与当地的经济、社会发展的需要相适应。要根据创新创业教育注重实践教育的特性，强化与地方政府、企业、社会组织和风险投资机构之间的产学研结合，构建像孵化基地和实践基地这样的创新创业平台。

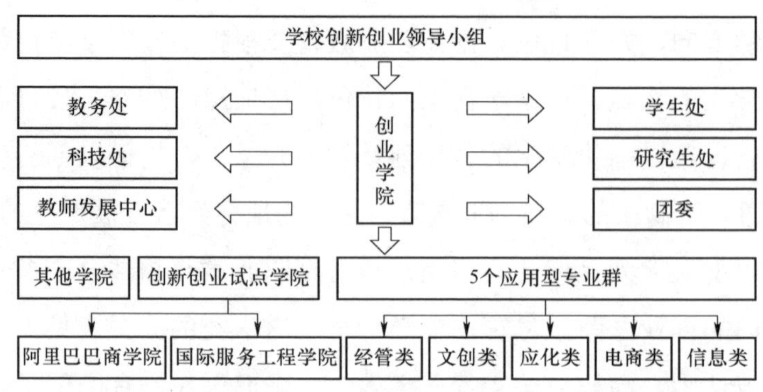

图 7-1　杭州师范大学创新创业校院联动管理体系

（二）加强第一课堂和第二课堂的联动

高校创新创业教育实施的首要工作是做好分层次的课程教学工作，重视课程建设、教学模式的革新，高校要以创新创业人才培养的需要为导向，建设“必修+选修”“通识平台课+嵌入式专业课+行业精英课”三层次、多向融合的创新创业教育课程体系，并将其作为人才培养体系中的重要方案之一，实行分学制管理。也就是在全校范围内面向全体学生开展创业教育基础课程，激发学生创新创业的兴趣；将创新创业教育融合到专业教育当中，培养学生的创新创业精神；针对创业实践的学生开设相应的课程，强化他们的创新创业实践能力。其次是要重点建设创新创业教育实践平台、孵化平台等，增强创业实践训练，引导学生社团组织开展创业教育活动，组织学生参加各类大学生创新创业竞赛等活动。

（三）加强“双师型”教师队伍建设

“双师型”教师应具有较高的理论水平和较强的实践能力。在教育实践中，教师起着举足轻重的作用，教师教学水平直接决定着教学质量。高校应建设一批专职、兼职结合的师资队伍，开展创新创业教育工作；应通过“内培外训”的方式，不断提高教师的创新创业素质；以教师教学发展中心为依托开展创新创业导师培训项目，促进与企业的合作，开展中青年教师“入企、入园”实践活动。此外，高校还可以从政府、社会和企业中聘请校

外的大学生创业导师，对学生的创新创业进行专业的指导。

三、创新创业教育与专业教育的深度融合

（一）建立创新创业教育与专业教育有机融合的人才培养新机制

高校应根据国家社会、学生等的需要，对学科专业进行调整，推动人才培养转向多学科融合型；根据创新创业的需要，建立跨学科的专业，形成创新创业人才培养的新机制，推动人才培养与经济社会发展、创业需要相统一；人才质量的培养评价应以创新精神、创业意识、创新创业能力为主要指标，改进人才培养方案与评价标准，对创新创业能力的要求进行细分；积极探索高校之间、高校与企业之间、高校与地方之间、高校与国际之间的协同育人机制。

（二）健全创新创业教育与专业教育有机融合的教学课程新体系

高校要以人才培养的定位和创新创业教育的目的为依据，对各种专业课程的创新创业教育资源进行充分发掘，使专业课程与创新创业教育进行交叉和融合，在教授学生专业知识的同时，对学生的创新创业教育进行强化。与此同时，高校应该对学生的创业意识、创新精神和创新创业能力进行综合、系统的开发，并将其与学习认证和学分管理相结合。高校要以先进的网络媒体渠道为依托，推出资源共享的创新创业教育慕课、视频公开课等线上开放课程，充实创新创业教育课程资源。高校应制订相关的政策和措施，激励老师参与到创新创业教育的课程中来，使其逐渐对创新创业教育理解、认同和支持。

（三）搭建创新创业教育与专业教育有机融合的创新创业实践新平台

1. 树立创新创业教育新理念

高校应从人才培养的角度对大学生进行创新创业教育，并将其贯穿于大学生的整个育人过程中。要将创新创业教育的质量，作为一项衡量高校

办学水平的重要指标，并将其纳入高校教育教学评估指标体系中。

2. 加快推进教育教学改革

创新创业教育不应仅仅局限于创业比赛、创业实践、创新创业的课程设置，更应注重创新创业教育的内容与方法的变革，加强创新创业教育的实践，推动实践教学资源、科技资源的共享。在高校开展创新创业教育的过程中，应按学生的不同特点，构建分级、分层的培养制度。

3. 切实提升教师创新创业的教育教学能力

高校应坚持全员参与、专兼结合的原则，使高校中的每一位老师都具备开设创新创业课程的能力。高校应从社会中聘请专家、学者担任大学生的创新创业导师。因此，应加大对高校教师进行创新创业教育的培训力度，以增强高校教师进行创新创业教育的意识与能力。对教师的考核与评聘制度进行改革，强化对创新创业教育的考核评价，促使高校教师积极地参与到创新创业教育中来。

4. 积极推进协同育人

高校要加强与政府、社会、企业之间的合作，将社会资本引入创新创业教育当中，推动产、学、研、用更加密切联系，从而更好地为行业和当地的经济发展作出贡献。

第六节　实行教学方法创新与科学评价

在我国的高校教育中，创新创业教育是教育发展的又一大趋势，各高校在实施该教育模式的过程中，由于教育对象的差异性、专业类别的多样化、培养目标分层等现实状况，所以常常会得到教育工作者较为消极的信息反馈，这在客观上暴露了我国高校创新创业教育所面临的问题，如教学方法单一、无针对性、无实效性等。导致许多高校的教育模式皆以“教”为主、以知识为核心、以课堂为第一阵地，这种教学模式的弊端显而易见：教学模式传统僵化，教学方式忽视了实践的重要性，这也成为大学生创新

创业教育所面临的一个重要问题。本章从大学生创新创业教育的理论性、实践性、操作性方面，结合多种实效案例，采用体验教学法、项目教学法等方法，为高校创新创业教育寻找新的教学方法提出了一些可能性，明确高校创新创业教育在应用这些教学方法时的组织形式、项目选材、考核评价、保障措施，力保这些方面能够在高校创新创业教育中成功实施。

一、教学方法创新的重要意义

（一）克服传统教学方式的弊端

结合不同的专家学者的描述，传统教学方式的弊端可以大致概括为五个方面。

第一，通过教师单向地向学生传授知识，以传授、记忆、回忆、再现等方式为主。

第二，在教学过程中更加注重教师的“教”，而非学生的“学”。

第三，对于不同的问题都有固定的答案，若学生有疑虑或其他见解，都不被重视，甚至会遭到教师的排斥。

第四，教师在教学过程中拥有至高无上的权威。

第五，对于学生来说，考试的分数是衡量其优秀与否的唯一标准。

在传统的教学过程中，学生往往是通过死记硬背来完成学习任务的，并没有充分地调动大脑的其他思维功能，这种教学方式使学生的多项能力发展受到阻碍。

从表象上看，学生是作为一个完整的个体在课堂上接受教育，但是从本质上看，学生并未充分调动全部机能参与到教学活动中来，如学习动机、兴趣、情感、人格等。这也是为什么学生在课堂学习中常常会感到枯燥乏味的原因，不仅学生的好奇心和兴趣没有得到激发，教师在教学过程中也极易产生厌教的心理。因此，要提高教学效果就必须对传统教学模式进行改革，尝试新的教学方法。

通过大量实践证明，在克服传统教学方式的弊端方面，案例教学法、体验教学法、项目教学法都是行之有效的教学方法，在大学生创新创业教育的过程中也有着非常突出的表现。它们的优势主要集中在三个方面：第一，自主性。学生在课堂教学中占据主体地位，教师则为引导者，学生能够有更大的空间来展示自己的见解和才能。第二，拟真性。学生在课堂学习中拥有逼真的客观环境，学生更能够融入自身角色获得良好的学习效果。第三，交互性。信息交流由原本的单项输出，变为教师与学生、学生与学生之间的多向信息交互，学生在学习过程中更易受到启发。

1. 案例教学法

有专家在教学实践中发现，虽然大部分学生在心理上支持案例教学法，但是从学生在课堂上的表现来看却是不愿参与、不敢参与、不屑参与。从学生的不同态度中可以判定，持“不愿参与”和“不屑参与”的学生是认知问题，可见学生不愿意对此花费大量的时间和精力；“不能参与”和“不敢参与”的学生是学生的能力问题，这主要是受传统教学的影响，使学生失去了公开阐述自己观点的勇气，担心自己出洋相，害怕出现错误，所以导致很多学生都不能积极地参与到案例教学过程中来。可见，通过案例教学法对传统教学法进行替代，不是单纯的技术性改革，也不是对传统教学方式的替换，而是一种全面、彻底的革新。

2. 体验教学法

该教学法的重点就在于“体验”，让学生在体验的过程中受到启迪，进而加深对理论知识的理解，同时，体验教学法能够有效打破传统教学法的僵化单一、强制性灌输、理论性主导、静态式接收的学习模式，为学生营造一个轻松、开放的学习环境，激发学生在学习过程中的主动性和自觉性。

3. 项目教学法

项目教学法是需要教师和学生来共同完成的，如在确定某一学习项目后，教师是该项目的指导者，至于该学习项目涉及哪些问题、运用到哪些

知识，皆由学生自主完成。因此，这一教学法可以充分调动学生的积极性和主动性，使学生自主学习能力得到提升。

（二）切实提高大学生创业能力

从整体上来看，我国大学生目前在创业方面所表现出的能力普遍较弱，创新创业教育要提高教学质量，运用有效的方法培养大学生的创业能力。

创业能力是一种实践能力，所以在教导学生时，就不能够只依靠概念型的知识去培养学生，而是要通过“探究型”的教育去培养。有相关专家认为，“从以讲授为主的教学，到以探究为主的教学，是一场革命。”这一“革命”主要有三个方面的特征：第一，从原本的以教师为教育的起点和主体，转换为以学生为教育的核心和主体；第二，学生的学习过程由被动接受转化为主动探究；第三，教育替代了教学。探究型教育除了能够让学生自主地获得知识和技能外，还能够启迪学生的思维、心智等，这对于大学生的创造力来说是最为重要的能力表现。

大学生创业能力的培养不只是单一的知识教授，还要着重对大学生对自然现象和社会现象的关注度和敏感度、对学生辨析和解决问题的能力、对学生批判性思维进行培养。正如英国著名哲学家怀特海所说：“虽然智力教育的一个重要目的是传授知识，但是智力教育还有另一个目的，就是获得智慧。”对于当代大学生来说，获得智慧的方法就是在创新创业教育中确定自己的主体地位，改变以往传统的学习方式，将知识真正内化。

（三）有效应对高校创新创业教育的现实困境

我国高校创新创业教育所面临的现实困境主要表现在：创新创业课程在高校课程中基本是作为选修课和公共课来开设，不仅上课人数少，课时也非常少，再加之学生不同的专业背景，以及不同高校的资源限制，使大学生的实践机会少之又少。要有效应对这一困境，就需要借助新型的教学方法，保证创新创业教育的实施效果。

案例教学法的本质就是以问题为导向，以客观事件为材料，训练和培养学生在复杂的情况下认知、分析、解决问题的理性思维与实际技能。其核心就在于能够为学生营造真实的氛围和情境，让学生能够在这一环境中积极思考，做出行之有效的应对之策。案例教学法将知识点与行动有机地结合到了一起，符合创新创业教育的实践性特征，完成了课堂教学理论与实践相结合的教育目标。

体验教学法则是实现了课程教学、实践演练、参与体验的“三位合一”、理论性、实践性、操作性的“三维并进”，让学生可以在体验中接触到更多创业中可能遇到的现实问题，这一能力的培养对大学生未来在创业过程中的风险规避具有重要作用。

项目教学法是以项目内容来教学，让学生在项目参与中能够灵活运用自身知识来解决各种实际问题，能够考验学生对知识资源的整合能力。

二、教学方法创新的方向导引

高校大学生创新创业教育具有十分鲜明的实践性特征，创业实践活动既是一种教育影响，也是一种课程模式，与其他教育类型有着本质区别，而最能表现创业教育特点和性质的就是课程类型，它不能只通过理论知识的教授就完成的。创新创业教育所包含的许多知识点都是无法通过直观的概念叙述来传达的，很多内容都是需要学生在实践过程中自我感受、自我领悟、自我解决，因此大学生创新创业教育的教学方法是以实践为导向的。

（一）开展“实践导向”的课堂教学

课堂教学的核心就是“教什么”与“怎么教”，一个是教学内容的选择，一个是教学方法的选择。

1. 教什么

相关专家在将高校的学习环境和企业的实践环境对比后发现，在教学内容方面，学校强调学生对过去获得知识的理解、回忆、反馈、分析，企

业的实践学习环境则关注当下，注重对实践过程中所面临问题的处理，需要学生在解决问题过程中运用自身的知识和经验，真正做到了在做中学。通过比对可以看出，课堂教学要突出“实践导向”，这就需要创设出各种与企业实践相似的学习环境，在教什么这一问题上，选择与现实社会环境贴切的问题，将实际问题的解决作为教学的中心内容。

2. 怎么教

怎么教就是教学方法的选择，对于大学生创新创业教育来说，主要选择的即为探究式教学法、体验式教学法和项目教学法，这三种教学方法都是对学生主动性和创造性的培养。

（二）构建“实践导向”的参与体验平台

“挑战杯”中国大学生创业计划竞赛，是目前大学生创新创业教育主要参与的体验平台。该竞赛诞生于美国，是闻名于全球的重要高校赛事。参赛者以小组形式参赛，小组成员优势互补，首先需要提出一项具有市场前景的技术、产品或者服务，并围绕这一技术、产品或服务完成一份完整、深入、具体的创业计划，从而获得风险投资。“挑战杯”大学生创业计划竞赛采取学校、省（自治区、直辖市）和全国三级赛制，分预赛、复赛、决赛三个赛段进行。开展“挑战杯”竞赛是我国实施“科教兴国”战略的重要体现，旨在培养具有创业意识和创业能力的新时代高素质人才。创业计划竞赛是重要的学生科技活动，有利于培养复合型、创新型人才，同时还能够促进高校产学研结合，推动国内风险投资体系的形成。

1998 年，我国首次开展大学生创业计划竞赛，本次竞赛在清华大学举行。1999 年，由共青团中央、中国科协、全国学联主办，清华大学承办的首届“挑战杯”和讯网中国大学生创业计划竞赛在北京成功举办，竞赛共收集到了全国 120 余所高校近 400 件作品。自此以后，大学生创业大赛的热潮袭卷全国高校，产生了良好的社会影响。2000 年，由上海交通大学承办的第二届“挑战杯”万维投资中国大学生创业计划竞赛在上海成功举办。大会共收到来自全国24个省137所高校的455件作品，创业竞赛受到社会各界的关注，竞赛中出现的作品也受到社会人士的关注，其中有一批出色的创业方案直接进入了实际操作阶段，实现了技术的资本化和市场化。2004年，第四届“挑战杯”中国银行中国大学生创业计划竞赛在厦门成功举办，其把大学生创业浪潮推向了新的高峰。参加决赛的学生达1000余人，参与观摩的媒体、企业、投资等各界人士2000余人，社会各界对创业大赛的极大关注使得“挑战杯”创业计划竞赛在短短 5 年的时间里就发展到了空前的规模。

（三）提供“实践导向”的保障措施

1. 创建配套的教学制度和教学环境

我国许多高校目前沿用的仍然是传统的教学制度，僵化且较为局限，其中最突出的问题就是学生在课堂上学习的理论知识与现实实践活动存在严重脱节。在这种教学制度下，项目教学法就很难顺利实施，也不能发挥体验式教学和案例教学的优势，使大学生创新创业的教学效果得不到有效提高。同时，案例教学法、体验教学法、项目教学法要求教学环境要相对开放，使学生能够根据自身的实际需求去教室以外的场所参与教学活动。如实体公司或实验室，又或是专门增添一些针对大学生创新创业的模拟器材和软件。当然，新型教学方法的应用并不意味着要完全摒弃传统的教学方法，而是根据实际情况将二者有机结合，既保障学生理论知识的学习，又能让学生将理论知识学以致用，激发学生的创造性思维，提高学生的综合分析能力。

2. 加强师资队伍建设

在教学活动中，虽然学生是学习过程的主体，但是教师同样也担当着指导者和监督者的重要角色，这对教师的要求更高了。教师的授课形式，

已经不同于传统教学模式，仅仅只需要进行备课、讲课、考试，而是要求教师利用更为丰富的知识来满足综合性的教学目标。比如，教师在设定学习项目时，不仅要考虑到本学科的知识内容，还要融合其他相关学科的知识。同时，授课教师不仅需要具备扎实的理论基础，还要具备合格的实践能力。所以说，高校创新创业教育中新型教学方法的应用对教师提出了更高的要求，但是从现实状况来看，我国高校在创新创业教育方面的师资力量还相对薄弱，教师数量不足、教学质量不高、教学结构不合理，导致学生在学习创新创业知识和技能时不能完全满足其需求。

3. 加大政策和资金的支持力度

政府是掌握公共资源的主体，有政策和资金的大力支持，会使高校创新创业教育更有保障，政府部门的信息优势和行政职能对大学生创新创业的发展具有引导作用。我国对大学生的创新创业也是非常重视的，政府相关部门针对在校大学生制订了“国家大学生创新创业训练计划”，通过创新训练、创业训练、创业实践三个项目来转变高校教育的思想观念，强化高校创新创业能力训练，增强学生的创新能力和创业能力。全国各地也针对大学生创新创业先后出台了各种优惠政策，以平台搭建、资源聚集的方式帮助大学生，这都是对高校创新创业教育的政策支持。

在资金支持方面，国务院在《关于深化高等学校创新创业教育改革的实施意见》中明确提到“完善创新创业资金支持和政策保障体系”，指出“各地区、各有关部门要整合发展财政和社会资金，支持高校学生创新创业活动”。国外各国在创新创业教育方面的资金来源，基本为两大途径：一种是以英国为代表的政府主导型资金来源，一种是以美国为代表的市场主导型资金来源。我国在找寻创新创业教育资金来源时，可以根据我国特殊国情，结合政府主导和市场主导的模式，构建一个多元化的资金来源体系，在由政府设立大学生创新创业基金时，积极倡导社会企业援助，为大学生创新创业提供充足的资金保障。

三、具体教学方法的应用与创新

（一）案例教学法在高校创新创业教育中的应用与创新

与其他国家相比，我国高校开展创新创业教育的时间相对较短，在新型教学方法的运用上仍处于起步和尝试阶段。在应用案例教学法时，借鉴国外的案例较多，但是结合国内实际国情和地方情况的本土案例较少。这就需要对案例教学法在高校创新创业教育中的具体应用进行深入研究。

1. 案例选材问题

案例教学法的核心就是根据所选案例的材料来引导学生学习，因此，案例的选材直接决定了该教学方法的成效。高校创新创业教育是针对全体学生的，每个学生都有着不同的专业背景和学习兴趣，其个体差异性较大，对于这一状况，在选择案例时生搬硬套会使很多学生有距离感，无法激发学生的学习兴趣，也不能调动学生的主动性。总体来说，在选择案例时要注重三个方面。

（1）选材时的定位在于培养学生的创业精神

创业并不一定是要开公司当老板，而是要激发学生的创业精神。一方面，是为了让学生了解创业相关的基础知识、基本过程和基本技能，从广泛意义上让学生对创业有基本认识和概念。尽管最终只有很少一部分大学生在毕业后选择创业，但是其他大学生在得到创新培养之后，也有可能成为创业拥护者，为我国的创业文化建设奠定基础。另一方面，教师在教学过程中，可以及时发现对创业有着浓厚兴趣的学生，可以引导他们在学校成立“创业实验（先锋）班”之类的组织，并对这部分学生开展个性化培养，帮助他们走上实际的创业之路。

（2）选材的基本方向在于结合不同的专业特点

教师在选材时要考虑到学生所在的专业特点，如在针对计算机专业的

学生进行创新创业的教育时，就可以选材腾讯创始人马化腾的案例进行教学，会收到良好的教学效果。大学的专业丰富多样，还有许多专业是适合大学生创业的，如旅游、工程、艺术、体育、旅游管理等，但是很多学生对本专业的社会应用前景一无所知，对创业也是持消极态度，所以就需要教师根据学生的专业特点来合理选材，激发学生的创业热情。

（3）选材时遵循“就近原则”

这里所说的“就近原则”是指尽量选择本国的、当地的典型案例，这样的材料更加贴近学生的生活，让学生更有熟悉感、更有兴趣，其参与程度会更高。而选择西方案例教学，除了其超高的知名度外，学生对一些基本运作是缺乏细致的了解的。所以在选材过程中，不一定非西方材料不可，选择本国、当地的材料对于学生来说更具有实效性。

2. 教师角色问题

案例教学使学生成为教学活动的主体，学生的自觉主动成为学习的关键，师生关系得到了转变。但同样对教师的教学水平和能力展示有着很高的要求，且仍然是教学成效高低的关键所在。创业教育中的案例教学是以讨论的方式为主，教师在这一过程中的角色定位对教学的成功有着重要影响。绝大多数学者认为，教师在这一过程中应当扮演着“倾听者”和“引导者”的角色。

（1）“倾听”并非“放任”

这里所说的“倾听”并非指教师对学生的发言和观点不加甄别地照单全收，而是在倾听学生的发言和见解时，注重学生的观点和认识是否科学合理。由于每个学生都有着不同的专业背景，所以在对某一问题进行辨析时可能会出现完全不同的观点，问题本身可能也并没有一个完全统一的答案，但这并不意味着不去纠正学生错误的认识和观点。

（2）“促进”而非“限定”

在高校中，大班级课程的人数一般在 100 人以上，一堂课的课时为 45 分钟。在有限的时间内是很难做到让每一个学生都能发言的，所以教师就可以采用分组讨论的方法，在小组成员集中讨论后，由一名代表进行发言，以此来促进全体学生的参与。但是这种形式又不能限定得过于死板，当小组成员中持有不同观点时，要给这些学生自由发表见解的机会。

（3）“引导”而非“主导”

虽然案例教学法的讨论是自由的，但是这种自由也是有一定范围的。学生在自由讨论的过程中，可能会出现偏题、跑题的情况，教师就务必要在其中正确引导，让学生始终围绕课题中心进行讨论。教师在教学过程中要注意对学生引导的度，要在学生表达自己的想法之后再将自己的意见和结论说出来。因为教师先说自己的意见极有可能让学生不敢表露自己想法，在学生阐述自己的观点后，即使是不正确的，教师也不能嘲笑或斥责，教师要端正态度，放下身段，保持和学生平等的位置，让学生能够自由地发表自己的见解，营造轻松的学习氛围。

3. 适用性问题

案例教学法对大学生创新创业教育具有非常显著的优势，但与此同时，案例教学法也有着一定的不足，主要表现在三个方面：一是需要投入大量的时间和精力；二是该方法对于低年级学习者来说不适用，用该方法教授知识水平较低的学生难以取得理想的效果；三是案例教学法教学效果不如实践教学。尤其是对于不同的高校来说，其条件和资源都有所不同，对案例教学的实施会形成客观的限制，所以案例教学法的实用性需要满足更多的条件。

（1）明确案例教学的目的

有一些教师对于案例教学的目的不够清楚，认为是通过案例来让为学生进行理论分析使学生从中学到理论知识，案例教学法的真正目的是通过成功案例激励学生进行创业，培养学生的创业意识。在使用案例教学法时如果对教学目标不明确，一味强调理论分析，极有可能造成反效果。

（2）案例教学法要与课堂系统讲授有机结合

案例教学法与传统的讲授法既不是对立关系，也并非转换关系，两

者是有机的统一体。在教导学生学习理论知识后，进行综合实践和实训时辅以案例教学，能够帮助学生在案例的引导下进一步理解所学的理论知识并对其灵活运用，同时通过对案例展开主题讨论，利于培养学生的创造性思维，提高其综合分析问题的能力。将这两种教学方法进行有机结合，教学模式便实现了理论与实践的结合，既有实践属性也有价值导向属性，有效弥补了传统教学法的缺陷，是一种传承与创新共存的全新教学方式。

（3）将案例教学、实践调研、多样化创业活动紧密结合

案例教学不仅可以在课堂内开展，还可以向课堂外、校外延展，如将学生分为多个调研小组，组织学生到企业中进行实地考察和调研，并根据学生的实地学习经历开展相关的多样化教育活动，如以小组的方式互相交流讨论关于创业的看法等。另外，也可以邀请成功的创业人士或企业家到学校进行演讲和经验分享，让学生了解更多具有时效性的社会案例。

（二）体验教学法在高校创新创业教育中的应用与创新

创新创业教育综合了理论、实践、操作的课程内容，相应的教学模式也要具有体验、实践和具有针对性的教学方法，否则其教学内容就只停留在空洞的理论层面。体验式教学法能够有效解决这些问题，使高校创新创业教育更有意义。在 20 世纪 80 年代，美国著名学者大卫·库伯提出了体验式学习圈理论，即通过具体体验、观察反思、抽象概括、行动应用，让学生将学习过程看作是一个新的活动过程。从提升创新创业教育的实效性角度来看，体验式教学法不仅能让学生在学习过程中获得相关的知识和技能，还可以让学生养成认真思考、仔细观察的学习习惯，使创新创业教育的现实困境得到解决。

1. 具体应用

体验式教学法的核心目的就是让学生在体验的过程中，了解创新创业

的精神内涵，而非简单地获得理论知识。著名音乐学家、教育家达尔克罗兹的教育理念也同样强调“感知、认知、学习、理解”的协调关联教育方法，这构成了他提出的体验律动教育理念——“在本课程结束后，不能使学生说‘我知道’，而是‘我体验到’。”这一观念与高校大学生创新创业教育的观念不谋而合，两者都是强调学生在学习过程中的体验感，并将此作为大学生创新创业教育的前提和基础，最后归结于达尔克罗兹教育理论的“学习、理解”，在体验中“验证”创业理论知识，并“应用”于创业活动，这才是体验式教学法的真正意义所在。

（1）感知体验之头脑风暴法

在创新创业教育中，感知体验注重的是让学生在体验中形成对知识的感知。头脑风暴法则正是利用了学生的想象，让学生在探讨的过程中激发创新思维，通过大脑丰富的想象和思维发生碰撞，帮助学生提升创新意识。

（2）认知体验之管理游戏法

认知体验是根据客观存在对学生的主观意识进行作用，管理游戏法则是通过模拟情境的方法，让学生在学校创设的创业情境中了解和掌握各种创业管理的实训方法。

（3）验证体验之角色扮演法

角色扮演法是体验式教学中最为基础的一种体验方法，同样也是通过情景模拟的方式，设定一系列与实际创业环境和活动相似的活动，让学生扮演创业过程中各种不同的角色去预先感受可能面临到的问题，并提出解决的方法，以此锻炼学生的实践操作能力、决策能力、领导能力、社会判断能力和良好的心理素质。

（4）应用体验之沙盘模拟法

沙盘模拟法就是通过在沙盘的盘面上来设定相互竞争的企业，真实地模拟出内外环境相一致的训练场景来进行实训。在这一体验过程中，学生在模拟企业经营、对抗企业演练、教师现场评估、自我感悟等一系列实践

环节中，能够有效地将理论知识与实践相结合，将自身的角色扮演和岗位体验融为一体，使其能够在市场分析、战略制定、营销策划、生产组织、财务管理等一系列活动中了解到创业知识。

2. 主要问题

体验式教学法的主要特征就是学生主动参与、主动探索、主动操作和自主管理，从而增强学生的自主创业意识。通过对学生在实践教育中具体环节的指导，对学生的创业能力、创业素质、创业意识等方面产生重要影响。在课堂采用体验式教学法时，还要注意不要出现“课上热闹、课下无效”“乐趣很高、效果不好”的这种恣意化和虚假化的体验式迷途。

（1）创新创业教育教学中的体验恣意化

体验式教学法在创新创业教育中模拟出了具有一定真实性的创业环境和平台，这使得教师和学生的角色发生了转变，教师由传统的主导角色转换为引导、监督；学生则从传统的被动接受者转变为自主学习者。学生的主体地位被不断强化，教师在充当监督者和引导者的同时则会容易出现恣意化的表现，忽略了对课堂整体的主导和把握，如言语恣意化、管理操作恣意化、角色体验恣意化。为了避免这种现象的发生，就需要教师在学生体验过程中，对学生的体验活动作出引导、定位、点拨。

对于言语上的恣意化，教师可以在体验活动开始之前作好引导工作，让体验活动能够有序进行，同时对学生在体验活动中的言语进行观察，当学生的言语出现偏颇时，教师要及时制止或进行纠正。在管理操作恣意化方面，教师要适当给予指导和引导，但是不能过于强烈地制止学生的行为。在角色体验恣意化方面，学生在参与创业体验过程中，由于缺乏一定的经验，可能会出现角色定位不适合、不恰当、不准确的情况，这就需要教师根据学生的能力和性格特征来给学生选择一个适当的角色，并在学生的角色体验过程中做好疏导工作，避免影响体验效果。

（2）创新创业教育教学中的体验虚假化

体验虚假化就是指，教师在创新创业课堂中所设立的情境体验活动形式化、走过场，学生没有在创新创业的情景模拟中有真正意义上的体验，导致学生所获得的体验感也被虚假化。体验感受虚假化也是指，教师在创业活动中，根据预先设定好的体验环节，引导学生进入预设的创业活动节点，将学生固定在预设好的体验过程中，引导学生获得自己预先设定好的体验过程和体验感受，而不是学生通过自主的活动来进行体验和感受。高校创新创业教育中的体验式教学就是将理论与实践融为一体，将课本知识与新型的教学方法有机地联系在一起，然后通过仿真的模拟实验来让学生对创新创业有更深刻的认知。所以为了避免出现体验虚假化这一情况，就需要教师深入地了解体验式教学的理论内涵。

3. 促进机制

传统的教学模式较为僵化，不论是课堂的教学内容，还是教师的教学方式和最终的教学效果，都有一个固定的标准和答案，对学生学习的结果也是通过最后的考试分数来评价。相比而言，体验式教学法更加注重学生的学习过程，对学生的评价也更加多元化，使学生在同一评价的基础上有一定的弹性，为学生个性化发展提供了空间，这也更符合当今社会的多元化发展趋势。

体验式教学法的评价模式是多元化的，其不仅需要了解到学生的基本学习情况，还会对教师的教学过程进行价值判断，同时为教学决策提供有效的反馈。

第一是在对教师的评价中要侧重教师授课内容和授课效果的转化，注重案例的选择、教学情境的设计，以及以学生为主体的授课模式，同时将理论有机地转为实践。

第二是对学生的评价中，要侧重教学效果的过程评价，即学生的心路历程、交流沟通、理解应用，密切关注在体验式教学过程中学生的参与度与体验感，对学生的思维能力和实际操作能力采用多元化的评价标准，如采用课堂观察、测试与练习、学生作品评价等方式。

第三是评价机制的主体应当是教师与学生双方面的，既包括教师对学

生的评价，又有学生对教师的评价，以此增进师生在体验式教学过程中的体验感。

（三）项目教学法在高校创新创业教育中的应用与创新

项目教学法是指通过教师的指导，学生根据各自的生活经验和兴趣参与到各个项目小组中，对项目活动提出创意性想法和可行性决策，并且根据项目目标来决定并安排学习的内容和具体的学习方式，由学生制订关于自己的计划，最后对自己的表现进行评价。项目教学法的突出特点是以项目为载体，实现多元化知识与能力的整合与重构；以学生为主体，着重培养学生的自主学习能力；以小组学习为主要形式，实现探究与合作学习。

在高校创新创业教育中，项目教学法是以真实的项目模拟的方式，让学生在参与过程中提升创业意识、激发创业思维、丰富创业知识等综合能力。在高校大学生创新创业教育中采用项目教学法时，应当明确以下四个问题。

1. 明确目标

这里所谓的目标就是指学校和教师展开创新创业教育的目标，对此，社会中普遍存在两种功利性的观点：第一是将创新创业教育狭义地等同于“企业家速成教育”；第二是创新创业教育当作缓解就业压力的临时措施，认为是权宜之计。而目前大多数人都接受的一个观点则是，创新创业教育能够促使学生形成创造性思维，有效培养出学生的创业意识和创业精神，提高学生的创业技能，有利于培养学生的企业家行为。这里探讨的高校创新创业教育的基本定位就是分群类教，在学校的教学既要面向全体学生开展创新创业启蒙教育，也要结合学生本身的专业来进行创新创业嵌入式教育，还要针对具有明确的创业意识的学生开展创新创业管理教育；在校外的继续教育方面，要针对初期的创业者开展教育培训和扶持。

高校创新创业教育有两个基本的教学目的：首先是让全体学生对创新创业教育有基础的认知和了解，并获得了基本的知识和技能，让广大的学生具有了初级的创业意识；其次是能够及时发现和挖掘对创业有着浓厚兴趣的学生，在校期间对这类学生进行个性化培养，引导学生未来能够顺利走上创业之路。要完成这两个基本目的就需要在四个层次上利用项目教学法来提高创新创业教育的针对性和实效性。

第一，面向全体学生开展启蒙教育阶段，在这一阶段，学生的创业意识是非常薄弱的，甚至是没有相关的概念和想法。所以，在采用项目教学法时可以采用一些难度较低、学生兴趣大、具有普遍认知度的项目，引导学生积极主动地参与到创造性实验中来，并在这一过程中引导学生形成创业意识，培养其创业精神，锻炼学生独立自主学习和工作的能力。

第二，在与相关专业结合的嵌入式教育阶段，要根据学生不同的专业背景和专业特色，选择与学生专业相关的项目来引导学生融入创新创业活动中来。

第三，在专业型创新创业管理教育阶段，要注重对学生创新创业的实战技能和实际创办企业能力的提升，所以在选择项目内容时，要选择知识融合度高的项目，如同时包含了企业运营、企业组织、企业行为、市场营销、人力资源等方面内容的项目。

第四，在继续教育阶段，创业者初期的创业项目本身是具有很好的项目创意的，所以可以将项目教学法运用到具体的咨询、培训和服务中，帮助他们度过创业初期所遇到的问题和困难。

2. 组织形式

项目教学法所采用的组织形式是团队合作，即教师与学生共同参与到一个项目的实施过程中来，教师在项目中担当指导者和督促者的角色，学生则在教师的帮助和辅导下充分发挥其主观能动性来完成学习任务。团队整体都在学习的时候，不仅整体会取得出色的成绩，团队中的个别成员也会拥有出色的成长经历。因此，组织实践教学应采用团队学习的形式。芬

兰于韦斯屈莱应用科技大学的创业学园就是典型的团队学习案例，学园中不设课堂，只设开放的办公区；没有专门的教师，只有适时给予指导的教练；不设置班级，沟通交流通过对话会议实现；没有教师讲授知识，需要靠自己进行大量的学习；没有案例分析，只有真实的实践项目。

项目教学法满足了创业教育在实践方面“学以致用”和“边用边学”这一教学目标，在高校创新创业教育中选用组织形式时，要根据具体的情况来选用。一方面，在面向全体学生时，要让他们对创业有最为基础的认知，并掌握基本的技能，所以可以采用普及式的教育，即根据不同学生的专业背景来培养他们的创业精神和创业意识。在我国的高校专业教育中，选修课形式就是一种普及式教育，创新创业教育也可以选用这种形式进行教学。在这一形式中，团队中的成员来自不同专业、学科，团队是由于课程实践临时组建的，随着课程结束团队也会解散。另一方面，有一部分学生对创业有着浓厚兴趣并在为未来创业作准备。对于这样的学生应当采用聚焦式教育，即针对性地培养创业人才和创业教育相关的师资或研究者，这种模式在选择组织形式时可以采用固定团队。

3. 项目选材

项目材料内容是项目教学法的核心和关键，直接决定了高校创新创业教育的效果。在选材时，要以高校创新创业教育的目标为前提，以教学内容为依据，材料要包含教学的理论知识内容，同时又要具有一定的可操作性以便激发学生的主观能动性，让学生在参与项目活动中能够将自身的知识有所发挥。具体来说，可以概括为以下几点。

第一，选材项目具有一定的针对性，即根据高校创新创业教育的具体目标、受教育学生的专业背景、学生的兴趣点、学生本身所具备的创业水平等来进行材料筛选。

第二，选材项目要具有切实的可行性，无论是在实践方面还是在资金方面，都要具有可操作性。

第三，项目的综合性要强，即涵盖的学科知识面要广，在补充学生的知识空缺时，还要提高学生对各种知识的整合能力。

第四，项目选择要有技巧，要根据学生在创新创业教育中所掌握知识的不同程度来逐渐加深项目难度，在符合学生接受知识的规律下不断提高学生的学习能力和创业能力。

4. 教学效果考核与评价

在完成项目教学之后，就要开始对学生的表现进行最终的考核和评价，这也是一个不容忽视的问题。具体可以采用团队成员自评、成员互评，教师评价的方式，也可以根据不同的项目内容和类型来设置网络投票，值得注意的是，无论是采用哪一种评价方式，都要有一个监督的措施和环节。

评价的标准由三部分组成，即团队练习表现、文献学习和研读、实践环节。团队成员根据自己团队整体的目标完成情况，再结合自身在团队中的具体表现(是否掌握了创业相关知识和技能)来对自身作出评价。为了防止出现恶意评分的情况，在互评环节，可以以去掉最高分和最低分的方式来统计最终的评价结果。教师在进行评价时可以根据学生平时的表现，以及在团队中的表现来进行评分；网络投票的环节更是要严格把控，可以对投票进行条件设置，如只允许本校学生投票。为了保证最终评分的合理性，可以选择部分创新创业领域专家，采用层次分析法计算出每一项的权重，对以上评价结果进行加权求和作为最终的综合考核结果。

四、大学生创新创业教育的科学评价

评价可以在原本创新创业教育的基础上进行提高和改进，但必须是建立在科学评价的基础上。但从目前的现状来看，高校创新创业教育的评价都普遍存在着“时滞效应”，所以，不能仅凭个人感觉来选择评价指标，要弄清楚高校创新创业教育的作用和有效的边界条件。加强评价体系建设的关键就在于教育评估方案要与高校创新创业教育的实际条件相匹配，并将

主观指标与客观指标、短期指标与长期指标相结合，建设一个具有多模块的、规范化的评价指标体系。

这里探讨的评价体系主要是三个方面的问题，即数量评价、个体发展水平评价、纵向综合评价。对数量评价的探讨主要是针对“创业率”和创业措施的改进，认为最终的创新创业教育成效不能单凭创业率这一数量指标来衡量；对个体发展水平的评价，需要建立相关的评价指标，对学生的创业意识和创业能力进行评价；在纵向综合评价方面，要深入研究当前较为通用的基于“计划行为理论”的纵向综合评价方法，对其评价指标选择和体系构建进行深入研究。再在这一基础上建立起与高校创新创业教育相匹配的价值导向、质量标准、评价方式，以此形成全新的评价观。

（一）“创业率”评价的现状

目前人们在评价创新创业教育的成效时，均以大学生毕业后的创业率来作为评价标准，这主要是由于近年来，我国对高校大学生创新创业教育给予了高度重视，并为大学生创新创业教育投入了大量的人力、物力、财力，其主要目的就是为了实现以创业促进就业。这些措施认可的理论假设就是经过系统的创新创业教育，大学生的创业比例应该有显著提高，但是从实际情况来看，这一设想难以实现。根据麦克斯的报告，在 2008 年的毕业大学生中，大学生自主创业的比例，211 院校为 0.54%，非 211 本科院校为 0.73%，高职高专院校为 1.36%。可以看出，虽然 211 院校的创新创业教育比其他院校要好，但是毕业生的创业率仍然不高。

（二）“创业率”评价的问题

创业率仅仅只能体现数量这一维度，表现的是创业人数相对于总数的比例，只是创业中的一个方面，无法全面反映高校创新创业教育的整体水平。虽然仅仅运用创业率这一指标衡量高校创新创业教育质量有着明显不足，但它依然能反映出一部分真实情况。

第一，创业率可以直接体现高校毕业生选择创业的比例，该数据可以在一定程度上反映出高校创新创业教育的实际效果。

第二，创业率可以体现创业环境对大学生创业的影响。

第三，通过与他国创业率进行对比，可以看出我国高校创新创业教育的“时滞效应”。

所以说，创业率这一指标也并非完全毫无可取之处，只是不能将其作为评价高校创新创业教育的唯一指标。因此，不建议实行部分学者所提出的“教育主管部门每年应在主要媒体公布高校创业率前十名、创业率后十名、就业率前十名、就业率后十名”这一做法。但是对于学者们提出的“教育主管部门应当将毕业生创新创业状况与就业状况，同时列为高校办学水平和人才培养质量的重要评价指标”这一建议还是值得采纳的。

（三）“创业率”评价的趋势

要解决“创业率”这一评价指标所存在的问题，就要加强其解释力度，对此，各专家学者进行了多方面的讨论。

有学者认为，对于创业教育来说，所谓的“时滞效应”指的是学生从接受创业教育开始，到真正实践创业之间的这一过程，其时间会出现一个相当长的延滞。但是从宏观角度来看，这只能说明部分事实。首先，其他国家的高校创新创业教育，也同样面临着“时滞效应”的问题，如美国，但是美国的大学生创业率却高于我国，这就不得不让我们反思，我国高校创新创业教育的“时滞效应”如此严重的原因是什么。在存在严重“时滞效应”的情况下，高校创新创业教育无法完全“避责”，我国与教育先进国家的差距明显，我国高校的创新创业教育还需要不断改进。在改进的同时，我们要跳出自己思维模式的局限，不能将眼光局限于教育自身，还要考虑与教育相关的因素，如社会创业环境等。

此外，有部分学者根据调查发现，我国大型企业的创办者平均年龄为33～35岁，创办企业这一行为基本是在大学毕业的十年左右进行的。从高校创新创业教育评价来说，这是纵向的长期评价，这体现了纵向长期评价

的有效性。可见，高校毕业生在毕业后的十年内都在进行着各种社会实践活动和继续学习，这些经验将会对大学生未来的创业起到重要作用，量变会产生质变。也就是说，大学生毕业后10年左右的时间不能完全归纳为创新创业教育的“时滞效应”。

五、个体发展水平评价的现状、问题与趋势

（一）个体发展水平评价的指标维度

对大学生个体的创业能力发展水平的评价也同样应该从数量和质量两个维度进行。

在数量评价方面，其思路不能仅仅局限在对学生创业企业数量、创办多少工作岗位、创业收入情况等方面进行评价，应当要扩展思维，具备“大创业教育观”，将创业教育与就业教育的情况综合起来，将学生就业率、在岗率、收入情况都作为评价指标。

在质量评价方面，高校创新创业教育对于大学生多方面的素质和能力都产生着影响，所以质量维度的评价指标有很多，比如，创造性思维的形成、终身学习理念的确立；参加社会实践获得的经济效益和社会效益；对社会的适应能力等。那么，如何将这些因素与创业教育有效连接起来，建立有效的测度呢？最重要的便是去繁从简，以1～2项核心评价指标为基础，对创新创业教育进行有效评价。

有专家学者提出了“内生变量”和“外生变量”两个概念，并认为“内生变量”在评价高校创业教育状况时，使用大学生创业意向和创业能力指标来作为评价标准会更加客观。虽然这两项指标能够反映出高校创新创业教育一定的实际情况，但是从宏观角度来看，创新创业教育是一项长期的系统工程，仅以上两项内在指标无法反映教育的整体情况和长期效应，只能进行短期评价，因为大学生的创业意向和创业能力是会在长期的实践过程中改进和提高的。

（二）创业意向评价的现状、问题及趋势

1. 创业意向评价的现状

创业意向是个体创业行为的一种潜在意识和心理机制，国外对创业意识的研究已经超过20年，但是在我国目前仍然是一个新兴的领域。要全面考察创业意向的整体状况，就要将国外与国内创业意向评价的现状整合起来进行评价。

国外创业意向的研究在重视基础理论与现实实践时，更加注重创业意向评价的具体测量指标，主要表现在三个方面：第一，从创业教育对大学生创业意向的影响进行评价，主要从人力资源理论和创业自我效能视角出发来评价；第二，关注个体的性别差异对创业意向的影响，并考察不同性别的个体提升创业自我效能的情况；第三，探究榜样这种典型的主角色模型对个体创业意向的影响。

我国在评价大学生个体的创业意向时重点关注三个方面：创业意向维度结构、影响因素及现状调查。在创业意向维度结构方面，以创业意向的概念界定为出发点，对维度结构进行实证分析，探索其需求性、可行性、行为倾向三级模型。创业意向的影响因素有着众多变量，主要是个体的人格特质、所处的环境和背景等。虽然国内外在研究创业意向方面，所选取的工具、视角、研究对象都各不相同，但是最终都取得了一定的成果。

2. 创业意向评价的问题

（1）创业意向的内涵研究有待深化

现阶段学术界并未有统一创业意向的概念和内涵，学者对此有着多种观点。创业意向的含义界定较为困难，因其具有个性化、维度结构模糊化等特点，都需要从创业意向研究的基础理论上创新，这使得创业意向的深化和拓展具有一定难度。

（2）创业意向的测量研究有待统一

创业意向的测量前提是创业意向的含义界定，但是现阶段创业意向的概念未在学术界得到统一的界定，也因此缺乏基础理论、前沿拓展等方面的研究，所以对于创业意向的测量采用多种探索方法。

（3）创业意向影响因素模型有待完善

构建创业意向影响因素模式是为了更深入地了解创业意向的生成机制和影响因素，从而制订相应的干预方法。该模型的研究在现阶段取得了一定的进展，但是从整体上看，纵深发展还有很大的提升空间，所以需要进一步探索和研究个体性变量以及非理性认知对创业意向的作用、自我效能感变量对创业意向研究的影响。

3. 创业意向评价的趋势

（1）开展跨国、跨文化比较研究

对不同国家的个体进行创业意向的比较研究时，首先要根据不同国家的文化背景寻求能够在新领域建立的意向因素。欧美各国在创业意向的研究方面相对成熟，而我国在这方面的研究起步较晚，至今仍是新兴的领域。开展跨国、跨文化的创业意向比较研究，对于研究不同文化背景下的创业意向影响因素、构建影响因素模型具有重要意义。

（2）建设实效性创业意向研究机制

我国创业意向研究领域，无论是基础理论还是实践研究都需要加大研究力度。加强创业意向研究的关键在于框架基础，国家应该对创业意向内涵及相关概念提供权威性的界定，为创业意向研究提供统一的测量标准，有了统一的标准，创业意向研究才会不断拓展和提升。

（3）强化潜在创业者创业自我效能

“自我效能感”是人们进行具体行为的关键因素，因为自我效能感决定了人们对一个行为是否产生兴趣和行动力。因此，个体对于创业的自我效能感是观测创业意向的最佳指标。

（三）创业能力评价的现状、问题及趋势

1. 创业能力评价的现状

现阶段对创业能力的评价主要体现为对创业能力结构模型的构建，学者们根据创业者、企业家以及相关专家访谈的内容初步确定创业能力结构模型的要素，并通过统计分析的方法最终确定。有部分学者认为创业能力模型是二阶六维度，即机会能力、运营管理能力为一阶维度，机会识别能力、机会开发能力、组织管理能力、战略能力、关系能力、承诺能力为二阶维度。在这一研究中，最具有代表性的就是“大学生就业创业教育研究”，学者们在全国范围内进行了大数据调查，并采用多种方式对学生创业行为进行分析，构建了大学生创业能力结构模型，最终认为大学生创业能力模型包括四个基本维度，即基本创业能力、核心创业能力、创业人格、社会应对能力。大学生创业能力结构模型的构建为创业能力的评价提供了理论基础，在评价体系中具有重要意义。

2. 创业能力评价的问题

（1）亟待加强创业能力国家框架的研究和探索

在创业能力结构模型的构建上，国外学者也尤为重视，如钱德勒和汉克斯认为，创业能力包括六方面的维度，即识别与利用机会的能力、概念性能力、坚持不懈的能力、人力能力、政策性能力、技术能力。曼恩等人还构建了六维创业能力结构模型，即机会胜任力、关系胜任力、概念胜任力、组织胜任力、战略胜任力、承诺胜任力。通过比较可以发现，国内外的创业能力模型，其科学结构都受到有限的研究对象和特定的研究目的的制约。同时，欧美发达国家开始深入研究就业创业能力，并创建了较为完善的框架。

（2）创业能力的评价方法过于单一和主观

现阶段，我国主要采用问卷自评式方法来研究创业能力，视角比较片面。影响创业能力的因素来自多方面，对创业能力进行的评价也应该参照

多方面的指标，只依赖简单的指标体系和问卷测评取得的评价结果是不全面的。目前创业能力指标体系主要起到规范性指引的作用，其科学性还未得到重视。

3. 创业能力评价的趋势

目前创业能力评价主要有两种趋势：一是将创新创业教育作为国家发展战略，整合优势资源和力量，构建中国创业能力国家框架，为创业能力的评价提供重要参数；二是深入研究创业能力的评价方法，基于国家框架构建一套科学合理的创业能力评价方法体系。我国学者对于创业能力评价方法体系的构建作了一些探讨，比如，在对大学生进行创业能力培养的阶段，评价应该是综合性、过程性的；在大学生创业的启蒙阶段，应该采用量化测评方法了解评价对象的能力强弱程度；创业预期阶段应该采用民主评定的方式进行评价，可以分析出大学生创业中所需要的核心能力；在大学生创业初期，应采用专家诊断法对大学生在创业过程中的具体表现进行评价。

六、纵向综合评价的现状、问题与趋势

对大学生的创业能力进行纵向综合评价指的是对大学生在接受创新创业教育前后的态度和行为的变化情况进行评测，并且根据长期的跟踪调查作出纵向的比较和研究。纵向综合评价主要应用计划行为理论，通过该理论能够分析出促使大学生形成意识、做出行为的信念，通过影响这些信念可以改变主体的行为。

（一）纵向综评价的现状

高校创新创业教育具有广泛性、分散性、持续性的特点，能够对学生产生多方面的影响，从而使其创业行为、创业技能、创业态度受到影响，其中对创业技能的评价相对较为容易，但是对创业行为和创业态度的评价则有一定难度。创业行为和创业态度通常是一种短期表现，虽然也有长期

表现，但是如何对其进行长期观测和长期比较是一个非常困难的问题，需要在短期内收集多方面的指标数据完成评价。计划行为理论中有关于创业意向考察的创业教育系统化评价指标，是创新创业教育评价体系的重要组成。

计划行为理论是社会心理学中最为著名的态度行为关系理论，该理论认为影响行为的关键因素是行为意向，而行为意向又受到态度、主观规范、自觉行为的控制影响。法约尔和众多学者在对创业教育项目进行评价时引入了计划行为理论，并根据计划行为理论的三个核心要素设计了综合评价指标，对创业教育的项目作出了综合评价。与其他体系相比，该评价体系有两个特别之处：它是一种对创业教育效果进行纵向评价的相对方法；它是计划行为理论的一个特殊用法，评价的依据是学生的态度和心态对创业项目的影响，不是根据创办的企业数量来评价。

（二）纵向综合评价的问题

运用计划行为理论中的方法对创业能力进行纵向综合评价时，也会遇到一些问题。

1. 理论方面

最突出的问题是缺乏充分性，有三个方面的表现：过去的行为并不一定导致未来的行为，两者不存在直接的因果关系；现有的自我认同衡量标准并未激发出新的见解，也没有被应用在计划行为理论只有的三种态度因素之中；计划行为理论常常会由于对情感或情绪的否认而被批判“过于理性”，而个体的意向和行为也会受到预期情绪的直接影响。但是，这无法进一步证明计划行为理论的科学性。

其次是理性问题，一直以来，计划行为理论彰显着严苛的理性，对操作模式的运用非常谨慎，这也导致知觉和自发模式被忽略，并且计划行为理论的行为模型的是由信仰个人主义的西方国家构建的。所以，在文化背景不同的情况下人们开始质疑该评价方法。

2. 应用方面

计划行为理论的应用性是指在应用中的有效性，比如，问卷调查设定的问题效果是否良好、自陈报告是否具有合格的客观性等，都能准确地将过去的行为陈述出来。

(三)纵向综合评价的趋势

1. 充分认识大学生创新创业教育评价的特殊性

运用计划行为理论对大学生的创业行为进行分析时，可以分析出创新创业教育对大学生的创业行为产生的影响，这能够为兼顾短期与长期效果的评估方案提供理论支持。计划行为理论认为人的态度受到性格、教育、家庭、社会经验等多方面因素的影响，态度进而影响到人的行为。这就要求在建立创新创业教育评价指标体系中，必须从创业教育主体出发，注重对其创业意识、创业态度方面的考量。

2. 全面研究创新创业教育效果的评估标准

创新创业教育对学生的影响不仅仅体现在创业能力这一方面，而体现是与之有关的多方面。从整体上来看，创新创业教育会对大学生的行为有着深刻的影响和改变，如创业行为、管理技能和态度。计划行为理论可以对上述三个方面进行全方位的教育评价。艾伦·吉布将创业教育分为三种类型：一是学习与创业有关的知识；二是为了创业而学习知识；三是通过创业而学习。这三种类型创业教育的连接桥梁是学习体验，所以可以循序渐进地推动，由第一种类型过渡到第二种学习类型，然后转而变为第三种学习类型。传统教育模式往往仅以考试成绩来评价教育效果，要改变这种形势，需要建立全新的评价标准体系，评价体系要包含人才培养目标、创业率、创业成功率等多个指标。

3. 构建创新创业教育质量评价指标体系

运用计划行为理论对创新创业质量进行评价时，对于学生个体，要从行为态度、主观规范、知觉行为控制这三个核心要素对其进行评价。对于教育课程建设，要将综合评价与单项评价功能的有机结合，将专业教学质量与教学管理、学生学习状态等相关方面的因素相结合，建设常态化评价机制，这要求将指标体系模块化，保持评价体系的系统性。

七、创新创业教育评价的发展趋势

（一）建立正确的评价观

要建立正确的评价观就必须要明确一个基础性的前提问题，即评价观问题，评价观直接决定了评价的目的、内容、方式。

高校开设创新创业教育就是为了通过创业来促进就业，创业对就业有倍增的效应。经过长期的坚持和努力，以创业促进就业取得了显著的成效，因此，在这一基础上，创新创业教育已经成为社会经济发展的驱动力。社会形成了“大众创业、万众创新”的景象之气，其价值导向是在全社会厚植创业文化，营造鼓励创业、尊重创造的社会文化氛围。从本质上来说，无论是以创业来促进就业，还是以创新为驱动力，都是为了培养创新创业人才，这是一种正确的社会价值导向。从长远眼光来看，创业是推动一个国家和区域持续快速发展的原动力，创新创业教育则好比是原动力的“发动机”。因此，在评价创新创业教育的成效时，一定要以长远的眼光去看待，既要看到创新创业教育对大学生创业的显性促进和帮助，也要看到创新创业教育带给大学生的内在隐性提升。

在正确的价值导向指导下，创新创业教育评价要遵循以下三个基本原则。

1. 过程性原则

要准确把握高校创新创业教育的核心内容和环节，对课程体系、模拟训练、市场体验、实操实创等多个环节实行全程监控，力保每一个学生在不同的环节中都能取得一定的成绩。

2. 长期性原则

创新创业教育的效果是长期存在的，且以动态的形式不断呈现，所以在评测时就要对学生开展长期的跟踪评价，及时反馈有效信息。在构建评价体系时也要做到层次突出、重点突出，不仅要考虑到创业教育的目标，还要考虑到外界环境等综合因素，注重学生综合创业能力的提高。

3. 多重性原则

要将教学效果与学校的办学特色、人才培养目标、学生个体实际等多个维度统筹考量，而不能仅凭一个单一的标准去衡量。检出多重性原则才能全面了解大学生创业意向的趋势。

（二）制定科学的质量标准

高校创新创业教育的实践性特征是非常明显的，这就要求其教育过程要突破精英化、理论化教学模式的约束，强调理论结合实践，广泛采用"在做中学"的实践教学方法，并且要在教育评价时采取与之相匹配的评价方法。若教学过程是"实践取向"，评价方法是"应试取向"，不仅会使创新创业教育的效果受到影响，还会使学生的积极性和主动性有所下降。为了避免这一问题的出现，就需要确定全新的、科学的、全面的质量标准。

对于创新创业教育来说，学生学习质量的考核并不是只看他对知识的掌握程度，还要看学生对知识的感悟能力，以及对知识的应用水平；要让学生更为优秀，并非鼓励学生埋头苦干和死记硬背，而是要推动学生的积极主动性和良好的习惯，在实践中培养和锻炼学生的创新精神，进而考核创新创业教育总体培养质量，以创新创业的综合素质水平来评判学生的创新创业能力。要完善创新创业教育质量评价指标，既要涵盖精神和理念方面的内容，如主动学习精神和终身学习理念，也要包括与创业实践有直接关系的内容，如个性、能力、知识等。

（三）正确选择评价的时点与内容

高校创新创业教育具有显著的"时滞效应"，因此创业数量、生涯满意度、对社会经济发展的贡献等多个指标因素，都无法在短时间内得出有效数据，那么应该如何选择正确的评价时间和相应的评价内容呢？对此，有学者认为“不同时间段内的培训项目应当用不同的评价指标体系去评价”，因此，根据学生接受创业教育的实际效果，创业教育的评价指标可以分为两类，即“短期指标”和“长期指标”。

在创业教育项目刚结束时，可以将学生的行动意向、知识和技能的获得情况、创业自我诊断能力的发展等来作为评价指标；在创业教育项目结束10后的时间内考察，则可以将创业对经济和社会贡献、商业表现、工作满意水平作为测量标准。对此，国外学者在时间的纵向评估指标基础上，将创业教育评价分为了5个具体的时间段，每个时间段都有不同的评价内容和评价标准。在创业教育学习期间，主要是对学生的报名人数、课程数目、创业的意识和兴趣等进行评价；在结束了创业教育之后，对学生的行动意图、对知识和技能的掌握程度、创业的自我诊断能力等进行评价；在创业教育结束5年内，主要对创业数目、收购企业数量和创业者职位的寻求和获得数目进行评价；创业3～10年，主要对公司的声誉和可持续性、公司的创新与声誉级别的转换能力进行评价；创业10年后，主要对创办企业在社会上产生的经济效益和贡献、商业表现和对职业的满意度进行评测。这种对时段及内容的纵向评价方式，能够更为准确地反映出创新创业教育的影响力。

（四）科学把握发展趋势

1. 评价的取向转变

随着社会发展，对创新创业教育的评价取向应由注重经济效应转为注重个人效能。最初，创新创业教育的开展是社会经济发展的需要，因此在初期对创业创新教育的评价是以的经济效应作为主导取向。比如，通过对参与了创新创业教育，以及没有参与创新创业教育的人群比较，来对创业课程的经济效应进行评价，参与过创新创业教育的人群是否具有创业意向，

或是直接用参与过创业教育人群所创办的企业数量来评价创业教育成效，但是后来专家意识到创业教育具有时滞性，于是认识到，用创办的企业数量和就业岗位来评价创业教育在宏观经济层面是严重缺乏科学性与合理性的，认为应当将评价的标准由经济效能转为个人效能。这对于创新创业教育的评价来说是一个非常大的进步，专家将研究重点放在了创业教育对个人的影响上，而并非个人所创造的经济财富上，这一评价方法也成为当下对创业教育评价的主要方向。

2. 评价模式的转向

即由结果评价的模式转向为过程评价模式，在这一方面，国内外存在着明显的区别。在国内，学者们大多是避开了评价模式，关于评价模式的研究较少，大多时候都是将重点放在创业评价体系的构建上面，甚至还会用指标体系的构建来代替对评价体系构建的论述。可见，我国在创业教育评价领域还有很大的提升空间，需要进行深入研究。出现这种现象的原因是我国对教育评价研究的范式是将指标量化，忽视了对其他模式的借鉴与批判。

国外的教育评价模式发展较为成熟，经过理论与实践的深入研究和探索，现在已经发展到第四阶段，最为常见的评价模式有“行为目标模式”“CIPP 模式”“目标游离模式”“消费者导向模式”等。教育评价模式在实际应用中基本是对其教育过程而非对某一段时间内的水准或结果进行评价。根据评价目标，应选择适宜的评价模式，从近年来对创业教育评价发展的趋势来看，评价模式逐渐排斥评比性、绩效性、批判性，而倾向于诊断性、扶持性、协商性。我国在构建新型创新创业教育评价模式时，应积极借鉴国外的先进经验，不断推动我国创新创业教育评价的发展。

3. 评价方法的转变

创新创业教育评价的侧重点由对教育结果的评价转为对教育过程的评价，不同的评价模式包含不同的评价方法。在创业教育评价发展初期，多以层次分析法来构建评价指标体系，常见的评价方法为同行评议法、专家法、问卷调查法或德尔菲法等。随着社会经济和教育的发展，创业教育的评价模式越来越多元化，评价方法也越来越多样化，尤其是近些年电子信息技术的飞速发展，创业教育评价领域中融入了更多大数据的概念，这促使创业教育评价的方法也不再局限于以往的方法，许多其他学科的理论和方法也开始逐渐被应用于创业教育评价领域中，如心理学的能力评价量表、工程学的 QFD（质量功能展开）、行为学的计划行为理论，以及统计学、人口学等评价方法。根据创业教育评价的不同阶段，研究者会采用不同的评价方法，这些评价方法之间有着一定的联系，相互验证。评价方法的多元化发展，有利于丰富创新创业教育评价体系，促使其理论和实践方面的研究都得到更加深入的发展。

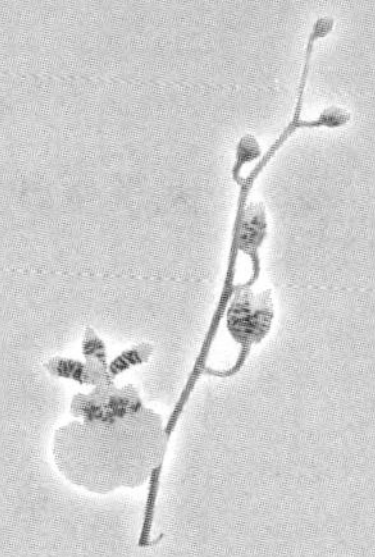

参考文献

［1］梅红，宋晓平. 大学生创业教育调查报告［M］. 北京：中国社会出版社，2017.

［2］张文喜，巩艳芬. 创业基础［M］. 北京：中国商业出版社，2016.

［3］项勇，黄佳祯. 大学生创新创业素质培养机制研究［M］. 北京：中国经济出版社，2017.

［4］孙惠敏，陈工孟. 全球创新创业教育研究报告［M］. 北京：经济管理出版社，2016.

［5］杜永红. 大学生网络创新创业教育［M］. 北京：北京理工大学出版社，2016.

［6］杨晓慧. 大学生就业创业教育研究［M］. 北京：经济科学出版社，2015.

［7］徐小洲，梅伟惠. 高校创业教育体系建设战略研究［M］. 杭州：浙江教育出版社，2015.

［8］林文伟. 大学创业教育价值研究［M］. 上海：东华大学出版社，2015.

［9］李德平. 大学生创业教育理念与实践研究［M］. 北京：人民出版社，2013.

［10］姜尔岚. 大学生就业与创业指导［M］. 北京：人民交通出版社，2008.

［11］陈栩琳. 当 90 后遇上创业［M］. 北京：人民邮电出版社，2014.

［12］艾诚. 创业的常识［M］. 北京：中信出版集团，2016.

［13］许晓辉. 一个人的电商（运营策略与实操手记）［M］. 北京：电子工业出版社，2015.

[14] 陈威如，余卓轩. 平台战略：正在席卷全球的商业模式革命［M］. 北京：中信出版社，2013.

[15] 叶明全，陈付龙. "互联网+"大学生创新创业基础与实践［M］. 北京：科学出版社，2017.

[16] 吴伟伟，严宁宁. 大学生创新创业教育［M］. 北京：经济科学出版社，2016.

[17] 吴勇，张荣烈. 大学生创新创业教育［M］. 北京：北京师范大学出版社，2017.

[18] 石丹林. 大学生创业理论与实务［M］. 北京：清华大学出版社. 2012.

[19] 钱贵晴. 创新教育概论［M］. 北京：北京师范大学出版社，2009.

[20] 杜永红，梁林蒙. 大学生创新创业教育：基于互联网十视角［M］. 北京：清华大学出版社，2016.

[21] 李永山，陆克斌，卞振平. 大学生创新创业教育发展与保障研究［M］. 北京：中国建材工业出版社，2016.

[22] 陈忠卫. 知行统一路：大学生创业案例与创新创业教育研究［M］. 北京：经济管理出版社，2016.

[23] 席升阳. 我国大学创业教育的观念、理念与实践［M］. 北京：科学出版社，2008.

[24] 芮国星. 信息时代高校创业教育体系研究［M］. 西安：陕西师范大学出版社，2016.

[25] 商应美. 高校创业实践教育体系建没研究［M］. 北京：人民出版社，2016.

[26] 崔勇. 视界："互联网+"时代的创新与创业［M］. 北京：清华大学出版社，2016.

[27] 王晨，刘男. 互联网+教育：移动互联网时代的教育大变革［M］. 北京：中国经济出版社，2015.

［28］姚毓春. 创业型经济与就业问题研究［M］. 北京：经济科学出版社，2014.

［29］曹胜利. 中国大学创新创业教育发展报告［M］. 沈阳：万卷出版公司，2009.

［30］施冠群，刘林青，陈晓霞. 创新创业教育与创业型大学的创业网络构建——以斯坦福大学为例［J］. 外国教育研究，2009（6）：79-83.

［31］高文兵，张尧学. 大数据环境下大学生就业创业新前景［J］. 中国高等教育，2015（1）：28-30.

［32］王佑美. 发现创客：新工业革命视野下的教育新生态［J］. 放教育研究，2015，21（5）：49-56+40.

［33］汤敏. 慕课革命：互联网如何变革教育［M］. 北京：中信出版社，2015.

［34］冯永胜. 关于在高校开展互联网教育以促进大学生创业的思考［J］. 教育与职业，2015（25）：62-64.

［35］徐明. "互联网+"时代的大学生创业模式选择与路径优化［J］. 中国青年社会科学，2015，34（5）：49-55.

［36］商应美. 高校创业教育观念的价值澄清与科学定位问题研究［J］. 中国青年研究，2013（5）：113-116.

［37］桑大伟，朱健. 以创业学院为载体推进高校创业教育的有效开展［J］. 思想理论教育，2011（11）：70-74.

［38］陈德虎，陆秋萍. 高校创业教育新模式研究——基于浙江高校创业学院建设的视角［J］. 青少年研究与实践，2016，31（2）：19-24.

［39］陈建. 高校创业教育课程体系的建设与研究［J］. 教育评论，2015（6）：17-20.

［40］周巍. 青年创业教育"学院型培养模式"探索——基于湖北青年创业学院的创新实践［J］. 中国青年研究，2012（12）：60-63.

［41］刘原兵. 美国高校社会创业教育——基于哈佛大学商学院的考察［J］. 高教探索，2016（12）：51-55.

［42］刘毓．手机媒体视域下移动教育管理探析：以大学生思想政治教育工作为例［J］．河南社会科学，2012，20（11）：50-53.

［43］徐坤，李云凡．移动教育在高校中的应用探讨［J］．科技信息，2011（14）：79.

［44］张豪锋，朱喜梅．移动微型学习在远程教育中的应用［J］．继续教育研究，2011（4）：75-76.

［45］刘学泳，岳明，戴树根．论第五媒体对大学生就业创业的影响及其作用［J］．当代教育理论与实践，2011，3（11）：44-46.

［46］宋妍，王占仁．论思想政治教育与创新创业教育的双向建构［J］．思想教育研究，2017（6）：38-41.

［47］焦新安，胡效亚，张清，等．地方综合性大学创新创业教育的思考与实践——以扬州大学“四位一体”创新创业人才培养为例［J］．中国大学教学，2017（5）：58-63.

［48］常青，李力．高校“多维型”创新创业实践育人体系建设与运行机制［J］．思想理论教育导刊，2017（1）：140-144.

［49］张根华，冀宏．应用型本科视阈下创新创业教育的理论与实践［M］．南京：南京大学出版社，2016.